Texte . Medien

WOLFRAM EICKE

Das silberne Segel

Schroedel
westermann

Texte • Medien

»Das silberne Segel«
von Wolfram Eicke

Herausgegeben und gekürzt von Ingrid Hintz

Materialteil erarbeitet von Janine Müller

Das Texte • Medien -Programm zu »Das silberne Segel«:
978-3-507-47097-2 Textausgabe mit Materialien
978-3-507-47397-3 Lesetagebuch
978-3-507-47297-6 Informationen für Lehrerinnen und Lehrer
Informationen und Materialien im Internet: **www.schroedel.de/textemedien**

westermann GRUPPE

© 2010 Bildungshaus Schulbuchverlage
Westermann Schroedel Diesterweg Schöningh Winklers GmbH, Braunschweig
www.schroedel.de

Das Werk und seine Teile sind urheberrechtlich geschützt. Jede Nutzung in anderen als den gesetzlich zugelassenen Fällen bedarf der vorherigen schriftlichen Einwilligung des Verlages. Hinweis zu § 52a UrhG: Weder das Werk noch seine Teile dürfen ohne eine solche Einwilligung gescannt und in ein Netzwerk eingestellt werden. Dies gilt auch für Intranets von Schulen und sonstigen Bildungseinrichtungen.
Auf verschiedenen Seiten dieses Buches befinden sich Verweise (Links) auf Internet-Adressen.
Haftungshinweis: Trotz sorgfältiger inhaltlicher Kontrolle wird die Haftung für die Inhalte der externen Seiten ausgeschlossen. Für den Inhalt dieser externen Seiten sind ausschließlich deren Betreiber verantwortlich. Sollten Sie bei dem angegebenen Inhalt des Anbieters dieser Seite auf kostenpflichtige, illegale oder anstößige Inhalte treffen, so bedauern wir das ausdrücklich und bitten Sie, uns umgehend per E-Mail davon in Kenntnis zu setzen, damit beim Nachdruck der Verweis gelöscht wird.

Druck A[4] / Jahr 2017
Alle Drucke der Serie A sind im Unterricht parallel verwendbar.

Redaktion: Barbara Holzwarth, München
Herstellung: Andreas Losse
Umschlaggestaltung und Layout: Janssen Kahlert Design, Hannover
Illustrationen (Cover und Innenteil): Jaroslaw Schwarzstein, Hannover
Satz: Bock Mediengestaltung, Hannover
Druck und Bindung: Westermann Druck Zwickau GmbH

ISBN 978-3-507-**47097**-2

INHALT

WOLFRAM EICKE
Das silberne Segel

1. Kapitel: Die Waldhütte ... 7
2. Kapitel: Der Krieg ... 16
3. Kapitel: Der Lebensretter ... 26
4. Kapitel: Ein seltsamer Käfer ... 38
5. Kapitel: Neuigkeiten ... 42
6. Kapitel: Aufbruch ... 47
7. Kapitel: Die Reise beginnt ... 54
8. Kapitel: Der Dämon ... 55
9. Kapitel: Der Kapitän ... 68
10. Kapitel: Die Mannschaft der *Kralle* ... 78
11. Kapitel: Im Maul des Fisches ... 87
12. Kapitel: Kräftige Nahrung ... 93
13. Kapitel: Verstärkung ... 101
14. Kapitel: Das Seil ... 114
15. Kapitel: Der Tod ... 120
16. Kapitel: Lautlose Stimmen aus dem Totenreich ... 125
17. Kapitel: Der Ofen glüht ... 134
18. Kapitel: Das silberne Segel ... 142

(Fortsetzung siehe nächste Seite)

Materialien

Interview mit dem Autor Wolfram Eicke 160
Gerhard Staguhn: Der Dreißigjährige Krieg
(*Sachtext*) 163
Peter Paul Rubens: Die Folgen des Krieges/
Pablo Picasso: Guernica (*Gemälde*) 166
Der Westfälische Friede (*Sachtext*) 168
Wolfram Eicke: Am Anfang steht immer
ein Traum (*Liedtext*) 170
Wolfram Hänel: Hilfe, Indianer! (*Erzählung*) 171

Text- und Bildquellen 176

Zu diesem Buch

Mitten in der Zeit des Dreißigjährigen Krieges erhält der Waisenjunge Randolf im Traum den Auftrag, eine alte Prophezeiung zu erfüllen. Er soll das silberne Segel finden, um die Dunkelheit des Krieges zu vertreiben und die Angst der Menschen zu überwinden. Aber auch der Piratenkapitän Eisenfuß sucht das Segel, um sich an dem Silber zu bereichern. Randolf wagt den Kampf mit dem ungleichen Gegner.

Es gibt viele Jugendliche, die gern Bücher lesen. Das ist erfreulich, denn wer liest, nimmt teil an den Lebensgeschichten, Erlebnissen, Problemen, Gedanken und Gefühlen der Buchfiguren. Deshalb sagt man: Wer liest, lebt doppelt.

Die Bücher der Reihe **Texte.Medien** wollen zum Lesen motivieren – im Unterricht in der Schule, aber auch zu Hause in der Freizeit. Sie wollen die Freude am Lesen steigern und „Lust auf mehr Bücher" machen.

Zu jedem Buch gibt es ein **Lesetagebuch**, das dabei helfen soll, sich selbstständig – individuell und gemeinsam mit anderen, die ebenfalls dieses Buch lesen – mit dem Inhalt und den Personen auseinanderzusetzen.

Viel Freude beim Lesen des Buches!

Ist einer mutig genug? Glaubt einer an den Traum?
Macht sich einer auf den Weg?
Die Herzen der Menschen, dunkel vor Angst,
ersehnen den Schimmer des silbernen Segels.
Eines Tages kommt die Zeit. Einer stellt sich den
Gefahren, vertraut dem Licht die Herrschaft an ...

So beginnt eine alte Prophezeiung.

Wolfram Eicke
Das silberne Segel

1. Kapitel: Die Waldhütte

Im Traum hört Randolf Schreie. Und Schüsse. Was ist das für ein Rumpeln und Poltern in der Nacht? Randolf öffnet schlaftrunken die Augen, er blinzelt nach dem Mond, der durchs Fenster scheint. Der Tumult ist lauter geworden. Kommt das aus der Wohnstube oder aus Vaters Schneiderwerkstatt?

Plötzlich ein Krachen im Zimmer unter ihm. Klirren von Glas, Zersplittern von Holz, der schrille Schrei seiner Mutter. Mit einem Ruck springt Randolf aus dem Bett. Er hört die Stimme seines Vaters, kaum wiederzuerkennen, beinahe wie ein tierisches Brüllen: „Randolf! Rette dich!"

Polternde Schritte kommen die Treppe hoch. Schwere Stiefel. Viele Stiefel. Das müssen sie sein. Die fremden Soldaten! Der Krieg ist ins Dorf gekommen. In unser Haus! Was wollen die Soldaten von uns? Wir haben niemandem etwas getan. Und Vater ist nur ein einfacher Schneidermeister.

Das Bett seiner Schwester ist leer.

Randolfs Körper funktioniert plötzlich wie ein Automat. Angst, eine Todesangst wie nie zuvor, aber gleichzeitig auch ein unbändiger, mächtiger Wille zum Leben. Kein Nachdenken mehr, kein Überlegen, kein Zögern. Barfuß, im Nachthemd, klettert Randolf aus dem Fenster.

Von oben blickt er auf ein Getümmel in der Straße. Brennende Fackeln, wiehernde Pferde. Rufen, Getrampel. Soldatenhorden stürmen die Nachbarhäuser.

Aufs Dach! Er schwingt sich hoch, sein Körper hat plötzlich eine ungeheure Kraft.

Schon hört er, wie in seiner Schlafstube die Tür eingetreten wird. Im unteren Stockwerk gellt noch einmal ein Schrei seiner Mutter.

Randolf presst sich liegend auf die Dachziegel und zieht sich vorsichtig Stück für Stück weiter in Richtung des Schornsteins. Zum Glück liegt noch kein Schnee. Aber kalt ist das Dach! Eisig kalt. Ein scharfer Novemberwind beißt in der Nase. Randolf kauert geduckt hinter dem Schornstein.

Am liebsten würde er die Augen schließen, aber er lugt wie gebannt nach unten auf die Straße. An der Spitze des Soldatentrupps sitzt ein großer Reiter auf einem gepanzerten Pferd. Er hebt den Arm und gibt einen Befehl. Der Arm ist steif, er steckt bis zum Ellenbogen in einem langen Handschuh aus flammend rotem Leder, von einer flackernden Fackel beleuchtet.

lugen spähen, vorsichtig Ausschau halten

Hoffentlich schaut er nicht zu ihm hoch!

Er hört, wie sich unter ihm zwei Soldaten aus dem Fenster beugen und etwas in einer fremden Sprache rufen. Ob sie das Dach absuchen werden?

Vorsichtig schaut Randolf sich um: Das Haus ist nicht umstellt. Der Garten nach hinten liegt still und verlassen.

1. Kapitel: Die Waldhütte

Dort steht die hohe Eiche, ihre Äste ragen bis über das Dach. Nichts wie weg! Randolf macht einen Satz, er packt mit beiden Händen einen Ast und klettert hastig den Baum hinunter. Ein letzter Sprung auf den harten, kalten Boden, und schon rennt Randolf mit großen Sätzen durch den Garten zum Wald.

Warum hat Mama so geschrien? Was haben sie mit ihr gemacht?

Hier ist das Dorf zu Ende. Oft hat Randolf in dem Wald gespielt. Mit seinen Freunden. Krieg haben sie gespielt. Dass sie Soldaten sind ...

Laufen, laufen! Wird er verfolgt? Wie einen Traumblitz sieht er in seinem Kopf wieder und wieder das Bild von dem Mann mit dem roten Lederhandschuh. Da vorne ist schon der umgeschlagene Baum, der wie eine Brücke über dem Bach liegt. Weiter, weiter!

„Rette dich!", hämmert in seinem Kopf die brüllende Stimme seines Vaters.

Er muss plötzlich an die verfallene Hütte denken. Letztes Jahr hat er sie mit seinem Vater entdeckt, beim Pilzesammeln, hinten bei dem kleinen See. Früher hatte dort ein alter Sonderling gehaust, ganz für sich allein im Wald. Ja, die Hütte ist das Einzige, was infrage kommt. Da ist er windgeschützt, und es liegen noch Reste von Decken und Matten drin.

Endlich hat er die Hütte erreicht.

Dunkel und muffig und kalt ist es hier.

Randolf lässt sich keuchend in einer Ecke auf den Boden fallen. Alles dreht sich in ihm.

1. Kapitel: Die Waldhütte

Dass Krieg im Land ist, weiß Randolf seit seiner Kindheit. Die Erwachsenen sagen, der Krieg hat schon lange vor Randolfs Geburt begonnen. Aber weit draußen im Land.

Und jetzt ist er da. Der Mann auf dem gepanzerten Pferd mit dem flammend roten Handschuh. Die Soldaten mit den schweren Stiefeln ...
Randolf kann den Schrei seiner Mutter nicht vergessen.

Keiner von den Erwachsenen hatte ihm je genau erklären können, warum der Krieg geführt wurde. Es ging um Macht, um Eroberung von Handelswegen, aber irgendwie auch um Religion – so genau wusste das keiner. Und jetzt hockt er hier in dieser nassen Hütte und weiß nicht mal, ob sein Elternhaus noch steht!

Randolf zittert vor Kälte. In der ganzen Hütte sucht er Wäschefetzen, Tücher, Decken und Mattenreste zusammen und deckt sich in einer Zimmerecke damit zu. Anfangs klappert er noch mit den Zähnen, aber allmählich wird ihm warm.

Und endlich kann er weinen. Ein ersticktes Schluchzen bricht aus ihm heraus, als er an seine Schwester und an die Eltern denkt.

Dann fallen ihm die Augen zu. Erschöpft schläft er ein.

Plötzlich schreckt er hoch. Ein Geräusch! Durch das gesprungene, schmutzige Fenster schimmert schon die graue Morgendämmerung.

„Randolf?", flüstert eine heisere Stimme. In der Tür steht sein Vater. Er blutet am Kopf, stützt sich auf einen Knüppel und kommt mit schleppenden Schritten heran.

„Vater!" Randolf springt hoch, sie umarmen sich.

„Dacht ich's mir doch, dass ich dich hier finden würde ..." Der Vater kann kaum sprechen. Er hustet, er spuckt Blut. Randolf hilft ihm, sich auf das Nachtlager zu setzen. Stöhnend lehnt der Vater den Kopf an die Wand.

„Unser Dorf ist jetzt Winterlager für die Soldaten. Damit sie warm und trocken sind, wenn der Schnee kommt. Und damit den Herren Soldaten keiner die Vorräte wegfrisst, haben sie fast alle Dorfbewohner erschlagen. Nur ein paar von uns wurden verschont. Als Knechte für die Besatzer."

Randolfs Hals ist trocken, als er fragt: „Und Mutter? Und Katharina?"

Der Vater schließt stöhnend die Augen und zeigt auf die blutende Wunde am Kopf. „Ich konnte ihnen nicht helfen. Nur wir beide sind noch übrig, mein Junge. Zum Glück hab ich dich gefunden."

Randolf wäscht ihm das Blut ab. Der Vater beißt die Zähne zusammen, seine Hände umklammern krampfhaft den Knüppel. Die Augen fallen ihm zu, er muss unbedingt schlafen. Randolf deckt ihn zu.

Plötzlich schlägt der Kranke die Augen auf. Sie glitzern im Fieber, aber sie erkennen Randolf. Der Vater lächelt, er atmet tief durch und beginnt zu sprechen. Nur mühsam kann er die Worte formen. „Seit ich jung war ..., hatte ich immer gehofft ...", der Vater hustet, „gehofft, dass ich mich ... eines Tages doch noch mal auf die Suche machen könnte ... aber – immer kam etwas dazwischen ..."

Der Vater seufzt und schließt die Augen. „Nun musst du dich auf den Weg machen, mein Junge. Die Zeit ist gekommen. Ich hatte so oft davon geträumt ..."

„Wovon geträumt? Was wolltest du suchen?"

„Das silberne Segel, mein Junge, das silberne Segel!"

Der Vater ist wieder eingeschlafen. Sein Atem rasselt und pfeift. Wenn er aufwacht, muss er etwas Kräftiges zu essen bekommen. Randolf durchsucht die Taschen in Vaters Pelzjacke. Nichts Essbares. Nur der Feuerstein, eine Nähnadel, eine Rolle Garn und das große, scharfe Messer, das Vater immer dabeihat. Randolf greift nach dem Messer. Vielleicht finde ich einen Hasen. Oder ein Reh.

Noch einmal beugt er sich zu dem Kranken, streicht ihm eine Haarsträhne aus der Stirn, tupft ein paar Schweißperlen ab. Der Vater muss starke Schmerzen haben. „Ich komm bald zurück", flüstert Randolf und macht sich auf den Weg.

Vorsichtig pirscht er am Seeufer entlang. Das Gebüsch da vorne steht genau richtig. Randolf duckt sich hinter den kahlen Strauch und späht mit starrem Blick am Seeufer entlang. Kein Rascheln, kein Knacken entgeht ihm. Das Messer hält er fest in der Hand.

Da, ein Eichhörnchen! Aber es ist zu flink, und Randolf hat sein Messer zu spät geworfen. Stöhnend holt er es sich zurück. Und verscheucht dabei ein Reh, das gerade herankommen wollte. Es ist zum Heulen!

„Das silberne Segel", hört er plötzlich in seinem Kopf die Stimme des Vaters, „du musst es suchen! Ich kann dir dabei helfen ..."

Die Stimme klingt eindringlicher und schärfer, als Randolf sie jemals im Leben gehört hat. Ihm ist, als müsse er rasch zurück zur Hütte laufen. Irgendetwas stimmt nicht mit dem Vater.

Randolf rennt, so schnell er kann, zur Hütte.

Vor dem Krankenlager seines Vaters sieht er einen toten Wolf liegen. Der Vater hat ihn erschlagen.

Es war das Letzte, was er im Leben getan hat.

Starr vor Schreck bemerkt Randolf, dass der Vater nicht mehr atmet.

Darum hatte er dieses unheimliche Gefühl! Er ist zu spät gekommen!

Mit einem Aufschrei gibt Randolf dem toten Wolf einen harten, bösen Fußtritt. Dann lässt er sich kraftlos auf das Lager sinken und bedeckt den Kopf seines Vaters mit Küssen. „Lass es nicht wahr sein, bitte lass mich nicht allein! Vater! Was soll ich denn tun, wenn du ... wenn ich ..."

Schluchzend schlingt er seine Arme um den leblosen Körper.

Stunden hat er so gesessen, die Augen geschlossen. Erfrieren!, schießt ihm ein Gedanke durch den Kopf. Nur so kann er diesem grauenhaften Albtraum entfliehen: Wenn er hier sitzen bleibt, bis er erfriert. Wegtauchen. Nichts mehr fühlen müssen. Nie mehr.

Keinen Kummer, keinen Schmerz, keine Traurigkeit, keinen Hunger ...

Plötzlich scheint es ihm, als sei er von einem strahlend hellen, silbrig schimmernden Licht umgeben. Wie umflossen – ja, umflossen von einem warmen Meer aus Licht. Ein tiefes, wohliges Gefühl durchströmt ihn. Das Licht ist so schön, so hell und so weit ...

„Gib nicht auf!", hört er die Stimme seines Vaters.

„Wach auf, Randolf!"

Mit einem Ruck reißt er die Augen auf.

Leben!, hämmert es in seinem Inneren. Auf einmal ist da eine Gewissheit: Das Licht, das er vorhin gesehen hat, gibt es nicht nur im Traum. Er kann es auch im wirklichen Leben finden! Ist es das, was der Vater ihm erzählen wollte? Hängt das mit diesem silbernen Segel zusammen?

Er zwingt sich zum Aufstehen. Bewegen! Warm werden! Den starren Körper in Bewegung bringen! Irgendetwas tun, was auch diesen wahnsinnigen Hunger betäubt.

In der Hütte liegt eine verrostete Spitzhacke.

Stunde um Stunde hat Randolf wie ein Besessener gearbeitet. Mit aller Wut, mit aller Kraft, mit aller Traurigkeit.

Als es dunkel wird, steckt auf einer zugestampften Grube, im Waldboden abseits der Hütte, ein zusammengebundenes Kreuz aus Lattenholz.

2. Kapitel: Der Krieg

Viel, viel später wird man über diese Zeit sagen: „Das war im Dreißigjährigen Krieg." Davon weiß Randolf nichts. Er hat keine Vorstellung, wie lange dieser Krieg schon dauert, und wann er einmal enden wird.

Schon jetzt sind hunderte von Dörfern verwüstet, ganze Städte in Schutt und Asche gelegt.

Und schon seit Jahren ist es kein richtiger Krieg mehr.

Krieg heißt: Soldaten kämpfen Mann gegen Mann.

Die Horden, die plündernd durch das Land ziehen, die wahllos alles ermorden und verbrennen, was ihnen in den Weg kommt, das sind keine wirklichen Soldaten mehr. Es sind Verbrecherbanden in schmutzigen und abgerissenen Uniformen. Was sie zum Stehlen, zum Töten, zum Fressen und zum Saufen finden, wird von ihnen gestohlen, getötet, gefressen und gesoffen.

Viele Heimatlose und Vertriebene irren durch die Straßen, auf der Suche nach Essen, nach Arbeit, auf der Suche nach einer Unterkunft.

Einer von ihnen ist der Sohn eines Schneidermeisters, der sich aus dem Fell eines Wolfes eine Hose genäht hat. Müde und hungrig schleppt er sich von Dorf zu Dorf und findet eine Welt, von der er nichts wusste.

In den vierzehn Jahren seines Lebens kannte er nur sein Heimatdorf Undeloh und die benachbarte Stadt Lüneburg, in der er ein paar Mal mit dem Vater zu Markttagen gewesen war. Er kannte das geruhsame Leben der Handwerker und der Bauern im Dorf: Tagsüber wurde gearbeitet, abends saßen die Leute vor ihren Häusern und plauderten. Es wurde erzählt und gescherzt, es gab Familienfeiern und Dorffeste, und für die Kinder war das ganze Dorf ein einziger Spielplatz.

Er kannte auch das bunte, aufgeregte Treiben in der Stadt, wo gehandelt, gerufen, gestritten und gelacht wurde. Diese vertraute Welt ist verschwunden. Nicht mehr zu finden. Als ob sie ausgelöscht wäre oder niemals existiert hätte.

Die Leute halten ihn für einen streunenden Verbrecher. Niemand glaubt ihm, dass er wirklich arbeiten will und nichts zum Stehlen sucht. Alle fürchten sich, dass sie im nächsten Augenblick ausgeraubt oder erschlagen werden. Die Einwohner haben sich in Raubtiere verwandelt. Jeder holt sich, was zu holen ist. Und die Kinder spielen nicht mehr, sie prügeln und stehlen wie die Erwachsenen.

Und Randolf läuft weg.

Wohin? Darüber hat er schon lange nicht mehr nachgedacht. Irgendwohin, wo es keinen Krieg gibt. Weg, so weit weg wie möglich.

Aber der Hunger treibt ihn immer wieder dorthin, wo Menschen wohnen.

Inzwischen ist Schnee gefallen. Die weiße, weite Landschaft entlang der Landstraße liegt starr und kalt und verlassen wie ein totes Traumbild.

Mal hat Randolf in einer ausgebrannten Ruine geschlafen, mal in einem leeren Schweinestall oder im Heu einer kaputten Scheune. Jeden Tag wird er von wütenden Menschen verscheucht, seit einer Woche hat er nichts Warmes gegessen. Schon lauert er, ob er einen Hund oder eine Katze erwischen kann. Das Messer hält er immer griffbereit.

Er kommt in eine Stadt. In einer Seitenstraße hört er Lärm aus einer offenen Tür. Da ist ein Wirtshaus. An einem Tisch löffelt ein einarmiger Mann eine Suppe. Am Nebentisch sitzt ein dicker, gut gekleideter Herr vor einem dampfenden Teller, er greift nach einer Hühnerkeule und beißt genießerisch in das Fleisch.

Halb rasend vor Hunger, würde ihm Randolf am liebsten den Teller entreißen. Er zwingt sich zur Ruhe und betritt mit wackeligen Schritten das Wirtshaus. Er hat keinen Plan. Er weiß und fühlt und denkt nichts anderes mehr, als dass er Hunger hat.

„Wer bezahlen kann, ist willkommen!", ruft ihm der Wirt hinter der Theke entgegen. Im flackernden Kerzenlicht glitzern seine Augen. Er mustert Randolf mit einem abschätzenden Blick.

„Was kostet ein Teller Suppe?", fragt Randolf.

„80 Kreuzer."

„Und eine Wurst?"

„Zeig erstmal dein Geld!"

Randolf lässt seinen Blick durch die Schankstube schweifen. An den Wänden und auf den Tischen brennen Öllampen. Da die Tür zum Lüften offen steht, flackern die Lichter. Aber er hat genug gesehen. Ihm ist ein Gedanke gekommen. Das Herz klopft ihm bis zum Hals. Er wendet sich an den dicken Gast, der das Hühnerbein inzwischen fast vollständig abgenagt hat:

Kreuzer
kleine Münze

„Euer Mantel hat einen Riss", stammelt Randolf, elend vor Hunger, „ich könnte ihn nähen."

Der Dicke legt den Knochen auf den Teller. Er kaut langsam, trinkt einen Schluck Bier und wirft einen hochmütigen Blick auf Randolf.

Der sagt stockend: „Ich bin ein geschickter Schneider. In ein paar Minuten wird niemand mehr sehen können, wo der Riss gewesen ist. Ich habe gutes, festes Garn." Er holt die Garnrolle aus der Tasche und zeigt sie zusammen mit der Nähnadel. „Es würde Euch nur einen Gulden kosten, – dann sieht der Mantel wieder aus wie neu."

Gulden
Goldmünze

Der Dicke schaut auf die Nadel und das Garn, seine Hand fährt über den Riss in seinem Mantel.

„Hm. Na gut. Zeig, was du kannst." Der Dicke zieht seinen Mantel aus, legt ihn vor sich auf den Tisch und rückt näher ans Kaminfeuer. „Aber setz dich hier neben mich! Schön weit weg von der Tür!"

„Keine Bange – den Mantel klau ich nicht." Randolf setzt sich auf die Bank und macht sich an die Arbeit. Er näht sehr sorgfältig, mit feinen, engen Stichen. Der Dicke widmet sich wieder dem Essen. Er schmatzt und er schlürft. Sein Blick bleibt auf Randolf geheftet.

Wie das duftet! Randolf hat ganz vergessen, wie so ein gebratenes Hühnchen riecht. Mit sehnsüchtigen Blicken schielt er auf den Teller. Ihm ist schwindelig vor Hunger. Er zwingt sich, weiterzunähen.

Der Einarmige am Nebentisch hat seine Suppe ausgelöffelt. Er winkt den Wirt heran und drückt ihm eine Münze in die Hand. Sein Geldbeutel klimpert.

Für einen Moment verschwimmt alles vor Randolfs Augen. Gleich wird auch er Geld haben! Dieser Bratenduft! Der Riss scheint gar kein Ende zu nehmen. Er ist wirklich sehr lang. Randolf verbraucht eine Menge von seinem kostbaren Garn. Der Einarmige hat sich zurückgelehnt und beobachtet ihn bei der Arbeit.

Endlich geschafft. „So, fertig. Sie sehen, ich habe nicht zu viel versprochen. Wenn ich jetzt um den Gulden bitten dürfte ..."

„Bitten kannst du so viel, wie du willst, Wolfsbengel!" Der Dicke hat den Mantel wieder angezogen. „Und jetzt stör mich nicht weiter beim Essen."

„Wie ... Sie haben doch ..."

„Gar nichts hab ich. Du hast mich beschwatzt und ich fühlte mich bedroht. Damit du endlich Ruhe gibst, hab ich gesagt: Na, dann zeig mal, was du kannst!"

Er wendet sich an den Wirt: „Mehr hab ich doch nicht gesagt, oder? Hab ich etwa von Geld gesprochen?"

Der Wirt nickt ihm zu. „Genau so ist es gewesen! Ich hab's gehört." Er greift wie zufällig nach einem langen Messer, während er hinter der Theke hervorkommt und einen Schritt auf Randolf zugeht. Seine Stimme wird scharf und drohend: „Ich hoffe, du wirst meinen Gast nicht weiter belästigen. So was mag ich überhaupt nicht. Außerdem hast du zugegeben, dass du kein Geld hast. Also raus hier, aber ein bisschen plötzlich!"

Es würgt in Randolfs Hals, Tränen der Wut steigen ihm hoch. Soll er sich das gefallen lassen? Ja, er muss wohl. Das Messer des Wirtes blinkt im flackernden Licht.

Randolf bezwingt sich. Knirscht mit den Zähnen. Langsam steckt er Garn und Nadel ein und steht auf. Seine Knie zittern. Mit mühsamen Schritten taumelt er zur Tür. Noch nie hat er sich so schwach und gedemütigt gefühlt.

Die anderen Gäste schauen zu ihm hinüber und lachen.

Nur einer nicht. „Lauf nicht gleich weg! Ich könnte wohl einen Schneider brauchen."

Überrascht dreht Randolf sich um. Es ist der Einarmige, der spricht. „Setz dich!" Er zeigt auf einen freien Platz an seinem Tisch. „Wirt! Noch einen Teller Suppe! Aber mit viel Fleisch drin!"

Randolf kann sein Glück nicht fassen. Im nächsten Augenblick steht tatsächlich ein großer, dampfender Suppenteller vor ihm. Gemüse, Kartoffeln, Wurstscheiben, Fleischstücke. Ob dies wieder eine Falle ist? Randolf zögert, nach dem Löffel zu greifen.

Der Einarmige lacht. „Keine Bange, ist schon bezahlt!" Er wirft dem gierigen Wirt ein Geldstück hin, das dieser geschickt auffängt.

Der Dicke am Nebentisch beobachtet alles mit misstrauischen Blicken.

Randolf hat keine Kraft mehr zum Denken, keine Kraft mehr, um Fragen zu stellen. Auf der ganzen Welt ist nichts mehr wichtig außer dieser Suppe, die nun vor ihm steht und die er allein essen darf.

Er löffelt, er kaut, er isst. Schließt für einen Moment die Augen, lehnt sich beim Kauen zurück. Dieses Essen soll niemals aufhören, niemals, so köstlich hat noch nichts in seinem Leben geschmeckt. Er seufzt tief und spürt, wie eine innere Wärme ihn durchströmt.

Ihm gegenüber an der Wand hängt ein Abreißkalender. Wie im Traum starrt Randolf auf das Datum: Heute ist sein Geburtstag.

„Na, satt geworden?" Der Einarmige schiebt den leeren Teller beiseite.

Randolf stöhnt und hält sich den Bauch. „Ja, mehr passt beim besten Willen nicht rein. Mein Magen ist so reichliches Essen nicht mehr gewöhnt."

Der Einarmige schaut ihm in die Augen. Sein Blick ist stechend und kalt. An der Wange hat er eine große, schlecht verheilte Narbe.

Randolf fragt: „Sie haben Arbeit für mich?"

Der Einarmige fasst unter dem Tisch nach dem Pelz an Randolfs Hose. „Auch ich jage einen Wolf und will ihn zur Strecke bringen. Dabei brauche ich Hilfe. Ein Schneider mit solch einer Hose und so einem scharfen Messer ist genau, was ich suche. Aber zum Geschäft kommen wir später." Er lehnt sich wieder zurück. „Trinkst du lieber Bier oder Wein?"

„Am liebsten ein Glas Milch."

Der Einarmige lacht. „Auf ein Geschäft kann man nicht mit Milch anstoßen. Zwei Bier!", ruft er zum Wirt.

Das Bier schmeckt bitter. Randolf lässt sich nichts anmerken. Nach dem Trinken hebt er das Glas in Richtung seines Gegenübers. „Ich heiße Randolf Undeloh. Und Sie?"

Ein kurzes Zögern. „Nenn mich Wallenstein. Leider kann ich dir nicht die rechte Hand drücken."

Der Einarmige, der sich Wallenstein nennt, zuckt mit der Schulter und lässt den leeren Ärmel schaukeln, der schlaff hin und her baumelt. Sein Mund verzieht sich zu einem Grinsen. Die Augen lachen nicht. Er hat sein Bierglas in einem Zug leer getrunken und stellt es hart auf den Tisch. „Du lernst jetzt erst den Krieg kennen, wie?"

Randolf nickt. „Wer kämpft denn eigentlich gegen wen?", bricht es aus ihm hervor. „Und warum ist überhaupt schon so lange Krieg?"

Der Einarmige lacht kurz auf. „Gekämpft wird für das Christentum. So behauptet man es jedenfalls. Beide Kriegsparteien sind sich einig, dass sie für Gott kämpfen. Für das Gute und für die richtige Art, ihn anzubeten."

„Katholiken und Lutheraner?"

Der Einarmige nickt. „Die Protestanten meinen, dass die Katholiken falsch beten, und die Katholiken finden, dass die Protestanten falsch beten. Darum kämpfen sie gegeneinander. – He, Wirt! Noch ein Bier! – Die einen wollen nicht, dass ihre Gegend katholisch bleibt, und die anderen wollen nicht, dass ihre Gegend protestantisch wird. Sie töten sich gegenseitig, um dem Gott ihre Liebe zu zeigen, der gesagt hat, du sollst nicht töten."

Randolf schaut ihn zweifelnd an. „Meinen Sie das ernst? Das klingt doch völlig verrückt!"

„Ist aber wahr! Wirst schon sehen!" Auch das neue Bier stürzt er hastig mit wenigen Schlucken herunter. Aus dem Augenwinkel beobachtet er den dicken Herrn am Nebentisch, der aufgestanden ist, seinen

Mantel zuknöpft und nach seinem Hut am Kleiderhaken greift.

Der Wirt macht eine Verbeugung und bedankt sich für das Geldstück, das der Dicke ihm beim Hinausgehen lässig zugeworfen hat.

Der Einarmige stützt sich ächzend am Tisch hoch und steht auf. „Trink dein Bier aus oder lass es stehen. Es gibt Arbeit für dich."

Randolf folgt ihm zum Ausgang. Der Einarmige geht mit schleppenden Schritten nach draußen.

Die schneebedeckte, matschige Straße liegt nahezu dunkel vor ihnen. Nur ab und zu brennt vor einem Haus eine einsame Laterne. Der halbe Mond fügt nur ein schwaches Licht hinzu.

„Wohin gehen wir?", fragt Randolf.

Der Einarmige drückt ihn in einen dunklen Hauseingang und flüstert: „Wir wollen nicht von jedem gesehen werden. Der Dicke da vorne, dein spezieller Freund, der geht jetzt zu seinem Haus in der Webergasse. Wir können ihn jederzeit mühelos einholen."

„Sie denken, ich will mich an ihm rächen?"

„Etwa nicht?" Die Augen des Einarmigen funkeln in der Dunkelheit.

Randolf zuckt mit den Schultern. „Er hätte es wohl verdient, dass ich ihm den Mantel wieder aufschlitze. Schade um mein schönes Garn."

„Tu's einfach!", flüstert die heisere Stimme. „Stich das Messer tief rein und halte ihm den Mund zu, damit er nicht schreit. Dann ist deine Suppe bezahlt, und obendrauf geb ich dir noch eine Dublone."

Dublone
spanische Goldmünze

Vor Randolf blinkt eine große Goldmünze auf, die der Einarmige aus der Tasche gezogen hat.

„Sie – Sie wollen doch nicht etwa ... Ich soll ihn töten?"

„Pssst, nicht so laut. Er ist der Wolf, den ich jage. Wenn ich zwei Hände hätte, würde ich ihn allein erledigen." Der Einarmige hat die Münze wieder eingesteckt und packt Randolf am Arm. „Weißt du, was du dir für eine Dublone alles kaufen kannst? Pures Gold!"

„Ich bin doch kein Mörder!"

Der Einarmige spuckt in den schmutzigen Schnee.

„Bei diesem Mistkerl wäre es kein Mord, sondern eine gute Tat. Er hat den Tod verdient. Du weißt noch nicht, was Krieg heißt!"

Randolf reißt sich los. „Suchen Sie sich einen anderen!"

„Dann bezahl mir gefälligst die Suppe! Aber sofort!"

Randolf läuft los, er rennt, so schnell er kann. Beinahe wäre er im Schnee ausgerutscht, gerade noch rechtzeitig kann er sich an einer Hauswand abstützen und läuft weiter.

Wohin?

Wahllos biegt er in eine Seitengasse ein. Weg von hier! Raus aus dieser Stadt, wo die Menschen offenbar alle verrückt geworden sind.

3. Kapitel: Der Lebensretter

Der Winter dauert lange in diesem Jahr. Noch im März sind die Flüsse gefroren. Noch immer wächst nichts Essbares an den Bäumen.

Randolf streift durch die Wälder und ist beinahe selbst zu einem wilden Tier geworden. Seine Haare sind ihm bis auf die Schultern gewachsen. Er hat inzwischen Übung darin, einem Reh aufzulauern oder einem Hasen oder einem Dachs. Auch Ratten hat er schon gegessen.

Im Wald findet sich immer genug Holz für ein Feuer, und nach einer warmen Fleischmahlzeit ist auch das Schlafen im Wald kein Problem. Eingegraben unter Haufen von Blättern, Tannennadeln oder Moos wird man nach einer Weile richtig warm.

Eines Nachts, in einem Gebüsch versteckt, schreckt Randolf plötzlich schreiend aus dem Schlaf. Ein Insekt hat ihn gestochen, ein dickes, unbekanntes Insekt. Nein, wird ihm klar, das war im Traum gewesen. Heftig und erschreckend steht ihm der Traumfetzen noch deutlich vor Augen, der ihn geweckt hatte.

Etwas unbeschreiblich Böses flattert von hinten an mich heran, blitzschnell, ein böses Schnabeltier, zack, hat es mich schon gestochen, hinten auf der linken Seite meines Nackens, tief in die Haut, und es ist in mich hineingeschlüpft.

Randolf tastet an der linken Seite des Nackens. Nichts zu fühlen, da war kein Stich. Nur ein Traum, sagt er sich. Nur ein Traum.

3. Kapitel: Der Lebensretter

In einer anderen Nacht sieht er das silbrig schimmernde Licht wieder, von dem er geträumt hatte, als sein Vater starb.

Da ist keine Angst mehr, keine Traurigkeit, kein Gefühl des Verlassenseins. Nur noch Freude, unglaubliche, tiefe Freude, die alles durchdringt. Lebenskraft, ohne jede Furcht.

Am nächsten Morgen hat Randolf den Traum vergessen. Er ist ein Jäger, er streunt durch den Wald und er brät sich seine Beute. Und bald wird es Frühling werden. In den letzten Tagen war es schon nicht mehr ganz so kalt. Manchmal hat sogar schon wieder die Sonne geschienen.

Plötzlich ist der Wald zu Ende. Vor ihm liegt eine weite Winterlandschaft. Nur noch einzelne Bäume, ein zugefrorener Fluss, schneebedeckte Wiesen und Felder.

Er geht an dem gefrorenen Fluss entlang. Der Schnee auf der Eisdecke ist schon beinahe geschmolzen. Ringsum ist alles still. Weit und breit sind keine Menschen zu sehen und keine Tiere.

Randolf bleibt stehen.

Von Weitem hört er ein Pferdefuhrwerk. Eine Kutsche. Jetzt kann er sie sehen. Die Kutsche rollt auf den Fluss zu.

Nun ist sie nicht mehr weit von Randolf entfernt.

Der Kutscher lenkt die Pferde aufs Eis. Er will den gefrorenen Fluss überqueren. Eine Brücke gibt es weit und breit nicht.

Ein Pferd scheut. Ist es ausgerutscht? Ruckartig kommt die Kutsche zum Stehen.

3. Kapitel: Der Lebensretter

Es knackt, es klirrt, die Kutsche kippt zur Seite, zwei Räder versinken in einem Riss. Ein Pferd ist schon eingebrochen, es wiehert im Eiswasser.

Ein Krachen: Die Kutsche durchschlägt die Eisdecke, der Kutscher wird unter Wasser gerissen, und da ist ein Schrei, ein gellender Schrei von einem Mädchen.

Randolf dröhnt es in den Ohren.

Er rennt am Ufer entlang zur Unfallstelle, rennt so schnell er kann, er reißt sich die Jacke vom Leib, er springt mit einem Satz ins eiskalte Wasser.

Er taucht.

Schon kann er die Kutsche ertasten, mit einem Ruck reißt er die verschlossene Tür auf. Da ist ein Körper, eine Gestalt, er packt mit beiden Händen zu, stemmt sich mit aller Kraft von der Kutsche ab zur Wasseroberfläche –

Das Lebewesen in seinen Händen taucht prustend auf, schlägt um sich, gurgelt und röchelt und schreit, die Augen weit aufgerissen vor Schrecken und Todesangst. Ein Mädchen. In Randolfs Alter. Dunkelbraune Haare, Pelzmantel, eine glänzende Kette mit einem Edelstein um den Hals.

Randolf zieht das tropfnasse Mädchen durch die schwimmenden Eisschollen ans Ufer. Sie krallt sich ins Gras an der Böschung, ihr Atem geht stoßweise, sie schluchzt leise.

Die Pferde strampeln und wiehern, nur mühsam halten sie die Köpfe über Wasser.

Randolf taucht nach dem Kutscher.

Er kann ihn unter der Kutsche befreien – puh, ist das kalt! Aber noch kälter fühlt sich die Luft an, als er an Land geklettert ist und den Ohnmächtigen neben das Mädchen gezogen hat. Randolf schnattert vor Kälte. Er schüttelt den Kutscher, ohrfeigt ihn: „Aufwachen! Aufwachen!"

Der Kutscher röchelt, er spuckt Wasser. Aber er lebt. Seine Schläfe blutet. Langsam und stöhnend richtet er sich zum Sitzen auf.

Nun die Pferde!

Noch einmal springt Randolf in das eisige Wasser, er löst die Pferde von den Riemen, mit denen sie an der Kutsche festgebunden sind. Beide Tiere können das rettende Ufer erreichen und sich aus eigener Kraft die Böschung hocharbeiten. Mit letzter Kraft zieht Randolf sich zum dritten Mal an Land.

Der Kutscher klappert mit den Zähnen. Er schüttelt sich, dass die Tropfen fliegen.

Das Mädchen niest.

Randolf schüttet das Wasser aus den Stiefeln und zieht sie wieder an. Dann schlägt er sich die Arme um den Leib. Hüpft von einem Bein aufs andere.

„Bewegen!", ruft er dem Mädchen zu, das immer noch schluchzend auf dem Boden liegt. „Verdammt noch mal, wir müssen uns bewegen! Sonst holen wir uns den Tod!"

Er hebt seine Pelzjacke auf. „Hier, die ist noch trocken. Ich bin wahrscheinlich mehr Kälte gewöhnt als du. Wickel dich damit ein. Aber zieh dir vorher die nassen Klamotten aus."

„Was bildest du dir ein?" Das Mädchen ist aufgesprungen. Es zittert vor Kälte. „Wie redest du mit mir? Erwartest du, dass ich mich nackt vor dir ausziehe?"

„Wenn du die Jacke nicht willst, nehme ich sie selbst!" Randolf zieht sein nasses, schmutzstarrendes Nachthemd aus der Wolfsfellhose und reißt es sich vom Körper. Er schlüpft in den warmen Pelz.

„Hach – tut das gut! Du kannst meinetwegen erfrieren, wenn du willst. Aber dafür hab ich dich eigentlich nicht aus dem Wasser gezogen. Da hätte ich lieber trocken bleiben können und wäre einfach vorbeigegangen."

„Das hättest du getan? Du Scheusal!" Ihre Augen blitzen.

Ein wirklich schönes Mädchen, denkt Randolf. Aber eine verzogene, eingebildete Gans. „Und dafür hab ich mich nun nass gemacht!", brummelt er.

Der Kutscher legt ihm die Hand auf die Schulter.

„Wir müssen uns bei ihm bedanken. Er hat uns das Leben gerettet."

Die Pferde wiehern, sie schütteln sich die Wassertropfen ab.

„Kannst du ohne Sattel und Zaumzeug reiten?", fragt der Kutscher. Er wischt sich Blut von der Schläfe.

„Nicht über den Fluss. Das Eis ist zu brüchig."

„Nein, nein, das hat sich erledigt. Wir kehren um. Das gnädige Fräulein hatte nur eine Freundin besuchen wollen."

„Reiten Sie, wohin es Ihnen gefällt. Sie sind zu zweit, und da sind zwei Pferde."

„Aber das gnädige Fräulein ... in ihrem Zustand ... ich wäre dir sehr dankbar, wenn du ... sofern es deine Zeit erlaubt."

Randolf muss lachen. „Sehe ich aus, als ob ich einen dringenden Termin hätte?" Er wendet sich an das Mädchen, das sich zitternd und klappernd abmüht, aus ihren Haaren und ihrer Kleidung das Wasser herauszuwringen. „Ich heiße Randolf Undeloh. Hat das gnädige Fräulein auch einen Namen?"

„Lilli von Behringen!", stößt das Mädchen hervor.

„Muss noch etwas Wichtiges aus der Kutsche geholt werden?"

Bibbernd schüttet Lilli den Kopf. „Bloß schnell nach Hause! Mir ist so kalt ..."

„Und dir wird noch kälter werden, wenn du in den nassen Sachen durch den Wind reitest. Ich bin abgehärtet, aber du ... das kann man ja nicht mit ansehen!"

Randolf staunt über sich selbst. Wie sicher und heldenhaft er sich benimmt! Er legt seine Pelzjacke um die Schultern des tropfnassen, bibbernden Mädchens.

„Schön drin einwickeln!" Er packt ein Pferd an der Mähne, schwingt sich rittlings nach oben. Dann beugt er sich zu Lilli und zieht sie zu sich hinauf aufs Pferd.

Der Kutscher ist schon losgeritten. Verkrampft vornüber gebeugt, krallen sich beide Hände an den Pferdehals.

Der kalte Wind beißt in Randolfs nackte Haut. Zum Glück ist der Weg nicht so weit, wie er befürchtet hatte. Hinter einem Wald taucht plötzlich eine Stadt auf.

Eine Kleinstadt in der Nähe von Dresden. Der Fluss, der hier fließt, heißt Elbe. Ohne zu wissen, wohin er eigentlich will, ist Randolf auf seiner Flucht immer weiter nach Osten gekommen.

Noch vor der Stadt, an einer prächtigen Villa, bringt der Kutscher sein Pferd zum Stehen und springt ab. Läuft durch den Garten zur Haustür und ruft: „Schnell, schnell! Wir brauchen Hilfe! Das gnädige Fräulein holt sich den Tod ..."

Aufgeschreckte Dienstboten laufen herbei. Sie rufen und kreischen und bringen Lilli ins Haus.

Ein groß gewachsener, gut gekleideter Herr mit Hut und Perücke und Spazierstock kommt eilig aus dem Garten heran. Er geht auf den Kutscher los: „Was ist passiert? Was habt Ihr mit meiner Tochter gemacht?"

Der Kutscher überlässt die Pferde zwei Helfern. Er klappert mit den Zähnen, er kommt ins Stottern. „Wir sind mit der Kutsche auf dem Fluss eingebrochen, und – der junge Mann, er hat uns gerettet."

Prüfend schaut der große Herr auf Randolf. Die unordentlichen Haare, der nackte, blau gefrorene Oberkörper und die nasse Wolfsfellhose machen auf ihn keinen guten Eindruck. Missbilligend verzieht er eine Augenbraue.

„Na denn – schönen Dank!" Er zieht einen Gulden aus dem Geldbeutel und drückt ihn Randolf in die Hand.

3. Kapitel: Der Lebensretter

Ein Goldstück! Nicht zu fassen! So eine wertvolle Münze hat Randolf noch nie gesehen. Davon kann er sich wochenlang gutes Essen kaufen. Seine Finger umklammern den Gulden.

Lillis Vater macht eine Handbewegung, als ob er einen Hund davonscheuchen will. „Lass dich auf deinem Weg nicht aufhalten!"

Randolf stottert: „Meine Jacke ... Euer Fräulein Tochter wird sie nicht mehr brauchen ... Kann ich sie wiederhaben?"

Ein Nieselregen hat eingesetzt. Lillis Vater geht auf die Haustür zu.

Randolf folgt ihm mit verzweifeltem Mut. „Die Jacke ist das Einzige, was ich besitze, ich brauche sie wirklich. Darf ich im Haus warten, bis ich sie wiederhabe? Mir ist sehr kalt."

Unwillig schaut der Vater zum Himmel und auf Randolf. Schließlich bedeutet er ihm, sich im Haus unterzustellen.

Ein riesiger Eingangsflur mit hohen Marmorsäulen. Rechts und links viele Türen, zwei geschwungene Treppen führen ins obere Stockwerk.

Lillis Vater bleibt im Flur neben einer aufgestellten Ritterrüstung stehen. Er ruft einen Diener: „In den Gemächern meiner Tochter muss sich eine fremde Jacke befinden. Dieser junge Mann soll sie so schnell wie möglich zurückbekommen."

Schweigend steht der große Herr neben ihm. Die Halle ist mit Wandgemälden geschmückt, an der Decke hängt ein großer Leuchter aus Kristall. Hinter einer Glastür ist offenbar ein Büro. Ein Kaufmannskontor. Mehrere Angestellte arbeiten an Stehpulten.

<small>Kontor
Büro</small>

Lillis Vater hüstelt verlegen. „Nun ja, hm, du bist ja ganz nass ... und wir stehen hier im kalten Flur ... Komm doch herein!"

Er drückt die Klinke einer Tür, führt Randolf ins Zimmer und ruft einen Diener, der sich um ihn kümmern soll.

Ein großer, dicker Teppich, an den Wänden hohe Bücherregale, um einen Tisch ein Sofa und zwei Ledersessel, und an der Wand gegenüber ein flackerndes Kaminfeuer.

Der Diener schiebt einen Sessel dicht an den Kamin. Herr von Behringen ist verschwunden.

Randolf zieht die nassen Stiefel aus, setzt sich mit ausgestreckten Händen und Füßen an das Feuer.

Eine Dienerin bringt Suppe, ein Diener bringt ein Handtuch, um die Haare zu trocknen, ein anderer die Wolldecke, noch ein anderer bringt frische Kleidung – so ist Randolf noch nie im Leben bedient worden. Auch seine alte Pelzjacke hat sich inzwischen eingefunden. Randolf greift in die Tasche: Das Messer ist noch da. Sorgfältig schiebt er die Goldmünze in das Knäuel mit dem Nähgarn.

Langsam wird ihm wieder warm.

Behaglich in den Sessel gelehnt, schließt Randolf die Augen. So warm, so geborgen, so satt hat er sich lange nicht gefühlt.

Das Feuer macht seine Stirn glühen. Wie eine heiße Sonne. Ja, es ist warm ringsum, es ist Sommer,

Randolf träumt. Eine strahlende Sommersonne leuchtet über dem Meer. Der Himmel und das Meer sind tiefblau, und Randolf reitet auf den glänzenden Flügeln. Neben ihm, den Kopf beinahe in den Wolken, sitzt sein Vater. Er lacht, und im wilden Flug hört Randolf seine Stimme: „Das silberne Segel, mein Junge, das silberne Segel! Nun gibt es keine Angst mehr. Nie wieder!"

Mit einem Ruck wird er wach.

Ein Holzscheit im Kamin hat laut geknackt.

Noch immer sieht er das Bild aus seinem Traum vor sich, und plötzlich erinnert er sich, dass er nicht zum ersten Mal davon geträumt hat.

Randolf lehnt sich mit geschlossenen Augen zurück, er möchte das Traumbild noch einmal sehen, so genau wie möglich.

Schließlich ist seine Hose leidlich trocken. Auch seine Stiefel – mit den Wollsocken passen sie besser als zuvor. Das Hemd, das der Diener ihm geschenkt hat, ist aus flauschiger Wolle.

Er hängt seine Pelzjacke über die Schulter und lässt sich den Weg zu Lillis Zimmer zeigen.

Lilli sitzt, in einen Morgenmantel und in dicke Daunendecken gehüllt, auf einem großen Bett mit seidener Bettwäsche. „Du willst schon gehen?"

Randolf spürt, wie er errötet. Er hat noch nie eine vornehme junge Dame in ihrem Schlafzimmer besucht. Er nickt und will zurück zur Tür.

„Ist es in deiner Gegend üblich, Hosen aus dem Fell von Wölfen zu tragen?", fragt Lilli.

Bevor Randolf antworten kann, steht ihr Vater in der Tür.

Randolf deutet eine Verbeugung an. „Ich bin bereits im Gehen begriffen. Habt Dank für den Gulden."

„Wir sind dir sehr zu Dank verpflichtet. Alles Gute für deinen weiteren Weg."

Als Lilli ihre Hand zum Abschied reicht, zwinkert sie Randolf zu. „Wie war doch gleich dein Name? Klingt er nicht so wie Mittagsstunde? Parkrotunde?"

Randolf stutzt. „Undeloh. So heißt ein kleiner Ort in der Lüneburger Heide. Von dort stammen meine Vorfahren."

Verwirrt macht er sich auf den Weg.

Im Kopf hallen Lillis Worte: Mittagsstunde. Parkrotunde. Und immer wieder sieht er das Zwinkern ihrer Augen.

Rotunde
Rundbau

3. Kapitel: Der Lebensretter

4. Kapitel: Ein seltsamer Käfer

Randolf geht in die Stadt. Er ist sehr zufrieden. Heute Morgen hat er sich einen Tag im Schloss gewünscht – und er wurde tatsächlich von Dienern verwöhnt, hat ein neues Hemd, neue Strümpfe und einen ganzen Gulden.

Mittagsstunde, Parkrotunde.

Den erstbesten Passanten spricht er an: „Könnt Ihr mir sagen, wie ich zum Park komme?"

„Park? Welchen Park?"

„Gibt es hier in der Stadt keinen Park?"

„Ach so, du meinst den Schlosspark. Geradeaus, zweite rechts und dann wieder links."

Pfeifend geht Randolf die Straßen entlang.

Mittags geht er in den Park. Die Luft ist noch wärmer geworden. Unter seinen Stiefeln spritzt das schmutzige Schneewasser. Von allen Bäumen tropft es, und das matte Sonnenlicht bringt die Tropfen zum Glitzern.

Keine Lilli an der Rotunde.

Randolf schlendert langsam um das Blumenbeet herum. Einmal, zweimal, dreimal – ist er denn verrückt, dass er immer im Kreis läuft?

Er bleibt stehen.

Ein Wächter in Uniform kommt auf ihn zu. „Was hast du hier herumzulungern?"

„Ich warte auf jemanden. Ist das verboten?"

Der Wächter schaut ihn von oben bis unten an.

Ganz langsam. Und wieder von unten nach oben. „Landstreicher mögen wir hier nicht. Ich empfehle dir, zu verschwinden – nicht nur hier aus dem Park, sondern am besten gleich aus der Stadt. Du landest sonst schneller im Gefängnis, als du glaubst!"

Randolf muss verblüfft lachen. „Ach ja, ich vergaß, dass ihr in dieser schönen Stadt noch keinen Krieg kennt. Die feinen Bürger sind den Anblick von Menschen nicht gewöhnt, die ihr Zuhause verloren haben. Sei beruhigt: Ich tue niemandem etwas Böses."

„Sogar ganz im Gegenteil!", ruft plötzlich eine helle Stimme hinter ihm. „Dieser junge Mann hat mir gestern das Leben gerettet!"

„Fräulein von Behringen!" Der Wächter ist erschrocken zusammengezuckt, er macht eine Verbeugung.

Lilli kommt herangestürmt. Unter den riesigen, bauschigen Röcken sind ihre Füße kaum zu sehen. Sie stellt sich zwischen Randolf und den Wächter. „Der junge Herr hat eine weite Reise hinter sich. Von der Lüneburger Heide. Ich wünsche, dass er respektvoll behandelt wird."

„Ja, selbstverständlich ... ich konnte nicht wissen, dass Ihr ... äh ..." Stotternd, murmelnd und mit einer erneuten unbeholfenen Verbeugung entfernt sich der Wächter.

Lilli lacht und schüttelt ihre Locken. „Mein Vater kann dich auch nicht leiden. Er ist dagegen, dass wir uns wiedersehen. Er sagt, du hast keine Manieren. Und er ist sich sicher, dass du stehlen und lügen würdest, um dich durchzuschlagen."

„Also bin ich gefährlich? Ein schlechter Einfluss?"
Lilli kichert. „So ungefähr. Aber in diesen Tagen ist Vater ohnehin zornig auf alles und jeden und schimpft auf die ganze Welt. Er hatte beruflich Pech."
„Ist ein Geschäft schiefgegangen?"
Lilli nickt. „Das kann man wohl sagen. Eine ganze Schiffsladung wertvolle Fracht ist verloren. Auf dem Meer wurde das Schiff von Piraten gekapert und versenkt."
Sie schaut sich hastig um. „Ich kann nicht lange bleiben. Sicher vermissen sie mich schon. Bleibst du in der Stadt?"
Randolf zuckt mit den Schultern. „Warum sollte ich?"
„Dann könnten wir uns wiedertreffen. Morgen Mittag wieder hier?"
„Warum nicht heute Abend?"
„Ach, du hast keine Ahnung! Ich steh immer unter Bewachung! – Bleib mal ruhig, du hast da was an der Jacke ..." Lilli streicht ihre Hand mit einem schnellen Ruck über die Tasche an Randolfs Pelzjacke. „Ein Käfer oder eine Wespe ... schon weg!"
Randolf schaut ihr in die Augen. „Wenn dein Leben so eingeengt ist und du immer bewacht wirst – dann komm doch einfach mit mir! Wir ziehen zusammen durch die Welt. Zu zweit ist es lustiger."
Lilli seufzt. „Und meine Mutter? Sie ist krank, ich kann sie nicht alleinlassen. Also bis morgen, um dieselbe Zeit!" Schon geht sie mit schnellen Schritten davon.

4. Kapitel: Ein seltsamer Käfer

Randolf steckt die Hände in die Taschen der Pelzjacke. Mit der rechten Hand fühlt er in der Tasche die restlichen Geldmünzen. Mit der linken Hand – nanu?

Ruckartig bleibt er stehen. In der Hand hält er einen ganzen Gulden.

Er lächelt. *Ein Käfer oder eine Wespe, soso.*

5. Kapitel: Neuigkeiten

Auf dem Marktplatz ist quirliges Leben. Rufende Marktschreier an den Obst- und Gemüseständen, gackernde Hühner und schnatternde Gänse, die verkauft werden sollen, ein buntes Gewimmel von Schaulustigen und Käufern.

Ein Mann mit einem bunten Kostüm und einem Musikinstrument, von Kindern umringt, steigt die Stufen zu einem Podest hoch. Oben angekommen, hängt er sich das Saiteninstrument vor den Bauch, nimmt seinen großen Hut ab, schwenkt ihn über dem Kopf und ruft: „Leute, ich bringe Kunde aus fernen Ländern und fremden Städten! Wollt ihr hören, was in der Welt geschieht?"

Ein Gejohle antwortet ihm.

Die Menge drängt an das Podest heran. Es ist jedes Mal eine kleine Sensation, wenn Gaukler oder Bänkelsänger in die Stadt kommen.

Bänkelsänger von Ort zu Ort ziehender Sänger, der in seinen Liedern von aufregenden Ereignissen berichtet

Der Mann legt seinen Hut mit der Öffnung nach oben vor seine Füße und schaut ins Publikum, lässt langsam seinen Blick schweifen. Er lächelt.

„Auf meinen Reisen kam ich in die Stadt Hamburg!", ruft der Gaukler. „Dort gibt es einen großen Hafen. Schiffe aus aller Welt kommen und fahren ab. In Hamburg erfuhr ich auch von dem grausamen Piratenkapitän, der die Meere unsicher macht. Ich höre, dass sogar Kaufleute aus eurer Stadt durch diesen Schurken Schaden genommen haben?"

Eifriges Nicken. Aufgeregtes Getuschel. Namen

werden gezischt und geflüstert, unter anderen auch der Name von Behringen.

Als wieder Stille eingetreten ist, beginnt der Gaukler zu flüstern:

„Das Meer ist ein gefährlicher Ort. Haie und Kraken leben dort,

es brausen Stürme über die Wellen – und es lauern wüste Gesellen.

Einer ist schlimmer als Haie und Kraken: ein Jäger, der mit dem Enterhaken

dein Schiff dir packt und raubt es aus und wird es versenken mit Mann und Maus.

Sein Name wird von allen nur gewispert,

man spricht nicht über ihn, man flüstert:

Eisenfuß!

So hart wie er ist gegen andere, so hart ist er gegen sich selbst.

Im Kerker saß er als Gefang'ner, sein Galgen war aufgestellt,

und der Henker knüpfte die Schlinge, das Volk wollte ihn hängen sehn,

der Henker knüpfte die Schlinge für den Piratenkapitän.

Angekettet im Kerker, festgeschmiedet sein Fuß,

doch ein Gedanke war stärker und der Käpten dachte: Ich tu's!

Es brachte ihm einer ein Beil, und der Käpten hackte sich frei.

Den Fuß geopfert, dem Tode entronnen

*und einen gefährlichen Namen bekommen.
Der Name wird von allen nur gewispert,
man spricht nicht über ihn, man flüstert:
Eisenfuß!"*

Prasselnder Beifall. Der Sänger verbeugt sich. Auch Randolf legt eine Münze in den Hut.

Der Gaukler wendet sich an Randolf. „Du trägst eine ungewöhnliche Hose, Landsmann. So eine sah ich noch nirgendwo."

„Das war mal ein Wolf."

„Magst du mir die Geschichte erzählen?"

Randolf schaut ihn an. „Damit Ihr ein Lied daraus macht?"

„Warum nicht?" Der Gaukler lacht.

Auch Randolf muss lachen. „Meine Geschichte hat noch kein Ende. Ich erzähle sie euch, wenn es so weit ist."

„Abgemacht! Ich heiße Armando."

„Randolf!"

Sie schütteln sich die Hände.

Armando schüttet die Münzen aus seinem Hut in einen ledernen Geldbeutel. „Ich bin durstig und habe gut verdient. Wenn du magst, lade ich dich zu einem Glas Wein ein."

„Apfelsaft ist auch in Ordnung", sagt Randolf und geht mit dem Gaukler mit. „Ich möchte dich etwas fragen."

Um die Ecke ist ein Gasthof.

Armando und Randolf haben sich gebratene Schinkenwürfel zum Knabbern bestellt. Beide heben ihre Gläser, prosten sich zu und trinken.

„Was möchtest du wissen?", fragt Armando, als er sein Glas abstellt.

„Du kommst doch viel in der Welt herum. Hast du jemals irgendwo erzählen hören von einem silbernen Segel?"

Armando stutzt. „Das silberne Segel? Willst du es suchen?"

„Mein Vater erzählte davon, bevor er starb. Ich würde gern wissen, ob es das in Wirklichkeit gibt, oder ob es nur ein Traum von ihm war."

„Das silberne Segel ..." Der Gaukler schaut träumerisch aus dem Fenster. „Ein sehr, sehr alter Mann im Norden hat mal davon erzählt. Ich hielt es für eine hübsche erfundene Geschichte. Aber ein paar Jahre später hörte ich, wie eine alte Frau im Süden ebenfalls davon erzählte. Es kann also sein, dass an der Sache doch etwas Wahres dran ist."

„Was wurde dir erzählt?"

„Der alte Mann sagte: Wenn die Menschen das silberne Segel vergessen, geht eine große Hoffnung für die Welt verloren. Und die alte Frau sagte: Ich bete immer noch jeden Tag dafür, dass sich der versprochene Reiter doch noch auf den Weg macht."

„Ein Reiter?"

„Es heißt, wer das silberne Segel reitet, kennt keine Angst mehr und wird der ganzen Menschheit ein großartiges Geschenk machen."

„Ein Silberschatz? Der die Menschen reich macht?"

„Das Segel soll eine ungeheure Kraft haben. Die Leute stellen sich vor, dass es Licht in die Herzen bringen kann, sodass die Menschen keine Angst mehr haben. Aber nur, wenn ein Mensch mutig genug ist, um die Aufgaben zu lösen."

„Welche Aufgaben?"

„Das konnte mir keiner sagen. Es sollen drei Aufgaben sein. Wenn ich mich in der Welt umschaue, denke ich manchmal: Es wäre höchste Zeit für das Licht des silbernen Segels – denn alle Herzen sind dunkel vor Angst. Ringsum nichts als Angst, Angst und nochmal Angst."

„Aber wie könnte ein Silbersegel in die Herzen hineinleuchten?"

„Keine Ahnung. Vielleicht ist es doch nur eine Geschichte." Armando schaut Randolf an. „Ob sie wahr oder erfunden ist, kann ich dir nicht sagen. Selbst bei meinen eigenen Geschichten weiß ich nicht immer, ob sie wirklich stimmen."

„Wie bei diesem Piratenkapitän Eisenfuß? Hat der sich wirklich den eigenen Fuß abgehackt?"

„So wurde mir erzählt!" Armando lacht. „Das Piratenschiff heißt *Kralle*, und das gibt es wirklich. Ob die Sache mit dem Fuß stimmt, weiß ich nicht. Ich mag einfach gute Geschichten, und diese ist gut."

6. Kapitel: Aufbruch

Es dauert nur wenige Wochen, dann hat der Frühling den Winter verscheucht. Längst, vor Wochen schon, ist der Gaukler weitergezogen, aber Randolf ist immer noch in der Stadt. Warum? Er genießt es, an einem Ort zu sein, wo kein Krieg herrscht.

Und Lilli lebt hier, natürlich. Leider trifft er sie nur noch sehr selten. Das hat Gründe, über die er gar nicht nachdenken mag.

Sein Schlafplatz liegt ein wenig außerhalb, am Rande der Stadt, wo neben dem Fluss nur noch Wiesen und Felder sind. Auf einer wilden Wiese am Ufer steht eine verfallene Scheune. Dort hat Randolf Unterschlupf gefunden, seit die Münzen aufgebraucht sind.

In den nächsten Tagen scheint die Sonne so warm, dass Randolf auf Pelzjacke und Stiefel verzichtet. Er schlendert barfuß durch die Stadt.

Dort ist er nicht beliebt.

Bürger und Handwerker sehen ihn schief von der Seite an. Mütter zeigen mit dem Finger auf ihn und warnen ihre Kinder: „Lasst euch bloß nicht mit diesem Landstreicherbengel ein! Der beklaut und verprügelt euch, wenn ihr nicht aufpasst!"

Randolf setzt sich auf einen Zaun in der Nähe des Parks. Er weiß nicht recht, wie es weitergehen soll. Lohnt es sich, auf Lilli zu warten?

6. Kapitel: Aufbruch

Lilli.

Der einzige Mensch seit seiner Flucht, der sich jedes Mal freut, ihn zu sehen. Sie ist ihm wie eine Schwester geworden. Wie oft haben sie sich schon getroffen. Anfangs im Schlosspark, später in der verfallenen Scheune am Fluss. Sie haben sich gegenseitig ihr ganzes Leben erzählt.

Randolf geht am Fluss entlang und lässt die Stadt hinter sich.

Es tut gut, unter den nackten Fußsohlen wieder weiches Gras zu spüren. In der Stadt sind die Wege voller Dreck und Sand und Scherben.

Die Wellen des Flusses sind in munterer, plätschernder Bewegung, gerade ist ein kleines Handelsschiff vorbeigesegelt.

Lohnt es sich, auf Lilli zu warten? Wahrscheinlich kommt sie wieder nicht.

Der Vater lässt sie rund um die Uhr von Dienstboten überwachen.

Mit einem Ruck bleibt Randolf stehen. Er traut seinen Augen nicht. Da vorne, da müsste doch eigentlich ...

Eingestürzte, schwarze, verkohlte, qualmende Balkenreste sind alles, was von der Bretterscheune übrig geblieben ist.

Wie kann sie in Brand geraten sein? Habe ich ... ?

Nein, Randolf hatte kein Feuer brennen gehabt. Jemand muss die Scheune mutwillig angezündet haben.

Meine Sachen! Das Einzige, was mir von Vater geblieben ist!

Mit einem Schrei läuft Randolf zu den schwelenden Trümmern. Beißender Brandgeruch bringt ihn zum Husten, treibt ihm Tränen in die Augen.

Von der Pelzjacke findet sich keine Spur mehr. Nur die verkohlten Reste der Stiefel.

Der ätzende Gestank ist nicht auszuhalten. Randolf läuft weg von der qualmenden Ruine, zum Ufer des Flusses. Alles an ihm stinkt nach Rauch. Er springt ins Wasser, mit allem, was er am Leibe trägt – mit allem, was er noch besitzt.

Tropfnass klettert er wieder an Land und legt sich in die Sonne.

Und nun? Mutlos und erschöpft, schließt er für eine Weile die Augen.

Mit einem Ruck wird er wach.

Es ist Lilli, die ihn an der Schulter rüttelt. „Bitte, wach auf, um Himmels Willen! Bist du verletzt? Was ist passiert? Hat das Feuer dich ...?"

Randolf richtet sich zum Sitzen auf und schüttelt den Kopf. „Nur meine Sachen sind weg." Er schlägt wütend mit der Faust auf das Gras. „Ich weiß nicht, was das Schicksal gegen mich hat ... alles geht schief."

Lilli hockt neben ihm auf dem Gras. Sie lehnt sich an seine Schulter. Beide schauen auf die zusammengefallenen Trümmer der Scheune, über denen immer noch kleine Qualmwolken wabern.

Randolf streckt sich in der Sonne aus. „Vorhin, bevor du kamst, hab ich mir noch geschworen, ich bleib hier. Wegen dir, Lilli. Und ich dachte, wegen dir könnte ich das alles aushalten – den Hunger, die Verleumdungen und den Spott der anderen. Aber ... ich weiß jetzt, dass es nicht geht. Hier bin ich für alle Leute immer nur der Wolfsjunge. Der Rumtreiber. Dem man ungestraft seinen Besitz verbrennt. Ein Ausgestoßener. Und das werd ich auch immer bleiben – ganz egal, ob ich mir Mühe gebe als Schneider oder als Bäcker oder als Kaufmann. Niemals wird dein Vater dir erlauben, dass du mit mir zusammen bist. Wir werden uns immer nur heimlich treffen ..."

Erschrocken packt Lilli ihn an der Schulter. „Du willst doch nicht etwa weggehen?"

„Ich weiß doch selbst nicht, was ich tun soll!" Randolf reißt ein Grasbüschel aus und schleudert es beiseite. „Kannst du dir vorstellen, wie ich mich fühle? Zum ersten Mal seit meiner Flucht hab ich einen Menschen getroffen, der nett zu mir ist. Das bist du. Natürlich will ich dich nicht verlassen ..." Er richtet sich auf. „Aber ich will auch nicht immer weiter nur vom Rest der Stadt wie der letzte Dreck behandelt werden. Und dann ist da noch dieser seltsame Traum, heute zum dritten Mal."

„Wieder von den silbernen Flügeln?"

„Vom silbernen Segel, ja. Als ob ich aufgerufen bin, mich auf den Weg zu machen, um irgendeine Aufgabe zu lösen. Und mit jedem Traum wird die Aufforderung dringender. Aber ich weiß nicht mal, was ich tun soll und wohin ich reisen soll – es ist alles so kompliziert – vielleicht ist das Ganze auch nur ein Hirngespinst –"

Er springt auf, macht ein paar Schritte in Richtung Fluss. „Ich fühl mich so, als ob mich etwas in zwei Stücke zerreißt. Die eine Hälfte möchte gern hier bei dir bleiben, und die andere Hälfte drängt, endlich der Stimme aus dem Traum zu folgen. Es war der letzte Wunsch meines Vaters gewesen, und als ich mir die Hose aus dem Wolfsfell nähte, hab ich geschworen, nach diesem silbernen Segel zu suchen. Dabei – glaub mir! – hab ich wirklich erst mal die Nase voll von Abenteuern und von unliebsamen Überraschungen und immer wieder neuen Schwierigkeiten."

Lillis Blick ist empört. „Bloß weil du von einer blinkenden Erscheinung geträumt hast, willst du ... mich einfach so verlassen?"

„Du hörst mir ja gar nicht zu!", ruft Randolf wütend. „Ich schütte dir mein Herz aus, und alles, was du hörst, ist, dass ich dich womöglich verlassen könnte. Dich! Dich! Alles andere interessiert dich gar nicht."

„Das ist nicht wahr!"

„Doch! Du bist eine verwöhnte Göre!"

„Was fällt dir ein?" Lillis Augen blitzen.

Randolf schluckt. „Es tut mir leid", sagt er zerknirscht.

Lilli seufzt. Sie nimmt seine Hand. „Ich selbst fühle mich doch genauso hin- und hergerissen. Eigentlich hasse ich mein enges Leben zu Hause, mit den tausend Vorschriften und Verboten und Regeln fürs vornehme Benehmen, und ich würde am liebsten mit dir ausreißen und in die weite Welt ziehen – aber dann hänge ich doch wieder an meiner Familie, und da Mama so krank ist …"

Beide schauen eine Weile schweigend aufs Wasser.

„Ich wette, in meinem Gürtel steckt wieder ein Goldstück, das vorhin noch nicht da war." Randolf tastet den Hosenbund ab und zieht ein zusammengefaltetes Taschentuch heraus. Er lächelt. „Sogar zwei Münzen heute. Das ist lieb von dir gemeint, ich weiß – wie oft schon hast du mir Geld zugesteckt! Aber … ich kann und will nicht immer nur von Almosen leben!"

„Gibt es dieses silberne Segel wirklich?", fragt Lilli.

Randolf setzt sich auf die Böschung und hackt mit dem Messer nach Grashalmen. „Ich weiß es nicht. Im Traum ist es so, als ob mein Vater mich ruft. Von ihm habe ich nun nichts mehr als das Messer und diesen Traum."

„Und was ruft er, dein Vater?"

„Er ruft nicht … Es ist mehr ein Flüstern. Seine Stimme sagt: ‚Wer das silberne Segel lenkt, kennt keine Angst mehr.' Und das Gefühl, das ich dann erlebt habe, in diesem silbernen, hellen Licht … Ich möchte nicht nur im Traum frei sein, sondern im wirklichen Leben. Frei, verstehst du?"

Lilli seufzt. „Ich denke, es gibt keinen Menschen, der sich nicht danach sehnt."

Eine Weile starren beide in die Ferne, jeder hängt seinen eigenen Gedanken nach.

„Und wo willst du danach suchen?", fragt Lilli schließlich.

6. Kapitel: Aufbruch

„Vielleicht sollte ich ans Meer. Die größte Hafenstadt heißt Hamburg."

Lilli erschrickt. „Weißt du, wie weit das ist? Von Dresden nach Hamburg – das ist fast einmal quer durch Deutschland! Zu Fuß dauert das Wochen!"

„Ha!", ruft plötzlich eine wütende Stimme ganz in der Nähe. „Dachte ich mir doch, dass ich dich hier mit diesem ..."

„Dein Vater!", zischt Randolf und will weglaufen, aber er beherrscht sich.

Herr von Behringen kommt wütend über die Wiese herangestampft. Er packt Lilli am Arm: „Wir sind spät dran. Der Bürgermeister wartet schon."

„Leb wohl, Lilli!", sagt Randolf. Er schaut ihrem Vater in die Augen: „Auf Nimmerwiedersehen, Herr von Behringen!"

Lilli reißt ihre Augen auf vor Schreck.

„Du wirst abreisen?", fragt ihr Vater misstrauisch.

Randolf nickt. „Ich habe mich gerade entschlossen. Es muss sein, Lilli!"

Sie leistet nur schwachen Widerstand, als ihr Vater sie davonzerrt, und sie wendet ein letztes Mal den Kopf zu Randolf. „Werde ich dich irgendwann wiedersehen, mein Lebensretter?" Er haucht einen Kuss in die Luft. „Wenn du dich eines Tages auch mal ganz stark sehnst nach diesem Gefühl, wirklich frei zu sein – dann treffen wir uns am silbernen Segel."

7. Kapitel: Die Reise beginnt

Über den Weg muss Randolf nicht nachdenken, er geht immer geradeaus am Fluss entlang. Die Elbe fließt zum Meer. Solange ich nahe genug am Wasser entlanggehe, kann ich mich nicht verlaufen.

Randolf geht und geht. Er fühlt sich frei und leicht und ist neugierig auf das, was er in nächster Zeit erleben wird. Der letzte Traum vom silbernen Segel war besonders eindringlich und mächtig gewesen.

In diesem Traum hatte er eine seltsame kleine Schrifttafel gesehen. Wie eine Art Amulett. Ein Metallplättchen aus Messing oder Kupfer, angestrahlt vom Licht des silbernen Segels. Ins Metall geprägt waren gehämmerte und schwarz angemalte Buchstaben:

> Amulett
> Anhänger, der Glück bringen und schädliche Einflüsse abwehren soll

Folge dem
Wer lernt
über Leben
GLEICH

Was mag das zu bedeuten haben? Die Schrift hat sich unauslöschlich in sein Gedächtnis geprägt. Jedes Mal, wenn er an das silberne Segel denkt, blinkt in seinem Kopf sofort das Bild von diesem Amulett mit den Metallbuchstaben auf.

8. Kapitel: Der Dämon

Eines Abends ziehen sich am Himmel dunkle Regenwolken zusammen. Als es zu tröpfeln beginnt, erreicht Randolf eine Ortschaft. Er hat Glück: Am Ende der Straße gibt es ein kleines Gasthaus. Bis er es jedoch erreicht, ist er schon ziemlich nass geworden, denn der Regen hat plötzlich heftig zu prasseln begonnen.

Es wird wohl ein Gewitter geben.

Die Gaststube liegt im Halbdunkel. Durch die beiden kleinen Fenster an den Wänden dringt kaum Licht, sie sind zu klein und zu schmutzig, und draußen ist es zu dunkel. Im Kamin glimmt ein heruntergebranntes Feuer und beleuchtet ein paar leere Tische aus rohem Holz, an denen leere Stühle stehen.

„Hallo? Ist hier jemand?"

Er hört nur einen rumpelnden Donner von draußen. Das Gewitter ist losgebrochen. Prasselnd klatscht der Regen gegen die Fensterscheiben.

Hinter dem Schanktisch steht eine Tür halb offen. Sie führt in einen dunklen Flur. Schemenhaft ist eine Treppe zu erkennen. Als Randolf zu der Tür geht, ruft ihn plötzlich von hinten eine Stimme an: „Das würde ich lieber lassen. Wenn Grete sich gestört fühlt, kann sie wütend werden. Und das ist bei Grete kein Vergnügen!"

Ein krachender Donner, der die Luft zum Zittern bringt. Das Gewitter ist direkt über dem Haus.

Randolf dreht sich um. Auf einer Bank, die am dunklen Ende der Wand steht, richtet sich eine liegende

Gestalt auf. Verstrubbelte Haare. Das Gesicht kann Randolf nur undeutlich erkennen. Ein gebeugter Arm stützt sich auf ein Reisebündel. „Grete wird schon kommen. Sie packt ein paar wichtige Dinge in eine Kiste. Falls der Blitz einschlägt und das Haus abbrennt."

Der Fremde schaut Randolf prüfend an. „Du bist ja tropfnass!" ruft er und steht auf. „Ich werfe noch ein Scheit ins Feuer, dann kannst du's dir gemütlich machen."

Randolf schiebt einen Stuhl an den Kamin und lehnt sich darin zurück.

Der Fremde zieht einen zweiten Stuhl vor den Kamin und setzt sich neben Randolf. Vom Tisch hat er eine halb volle Flasche Rotwein und einen Becher mitgebracht. Er hat ein junges Gesicht mit einem knochigen Schädel und einem blonden Bartflaum am Kinn. Seine Augen funkeln im Widerschein des Feuers. Er mag ein paar Jahre älter sein als Randolf und trägt eine derbe, speckige Arbeitskleidung. „Magst du auch einen Schluck?" Er hält Randolf den vollen Becher hin.

„Nein danke, keinen Rotwein."

Der Fremde zuckt mit den Schultern und schlürft genießerisch seinen Wein alleine. „Schon lange unterwegs?", fragt er.

„Mh. Und selbst?"

„Noch ein paar Monate, dann sind meine drei Jahre vorbei."

Ein Geselle auf Wanderschaft also.

„Ich bin Schmied", gibt der Fremde freimütig Auskunft. „Und du?"

Randolf lacht. „Das weiß ich selbst nicht genau. Ich kann ein bisschen nähen."

Er gähnt. Es tut gut, einfach am Feuer zu sitzen und mit jemandem zu plaudern. „Wie ist es als Schmied? Findest du überall Arbeit?"

„Wir haben Krieg. Und ich bin Waffenschmied." Er zückt aus seinem Gürtel ein langes Messer mit einer gebogenen Klinge. „So was ist meine Spezialität. Ein Dolch. Fühl mal, wie er in der Hand liegt!" Er drückt Randolf das Messer in die Hand. „Die Leute sind verrückt nach Waffen. In jedem Ort würde man mich am liebsten gleich dabehalten. Jeder will ein Schwert oder einen Dolch oder einen Degen oder eine Lanze. Ich kann mir aussuchen, wo ich leben möchte und wie lange ich bleiben will ..."

Der Griff fühlt sich kühl an. Randolf ist noch nie der Gedanke gekommen, dass der Krieg für irgendwelche Menschen gut sein könnte. Und hier sitzt nun ein Waffenschmied und freut sich, dass sein Geschäft so prima läuft. „Der Griff – ist das massives Silber?"

„Und ob. Silber ist sehr gefragt in letzter Zeit."

„Wer braucht silberne Waffen?"

„Ein Silberknauf am Schwert lässt sich schwerer stehlen als ein Geldbeutel. Neulich fragte mich ein durchgeknallter Kapitän, ob ich ihm eine ganze Schiffsladung Silber einschmelzen würde, wenn er's mir bringt. Muss ein sagenhafter Schatz sein, hinter dem er her ist. Andere wollen eine Schwertscheide aus Silber ..."

8. Kapitel: Der Dämon

„Mir reicht mein Schneidermesser", sagt Randolf und gibt den Dolch zurück.

Das Plätschern an den Scheiben lässt nach, und der Donner klingt nun schon ein ganzes Stück weit entfernt.

Plötzlich von hinten eine Frauenstimme: „Haben wir noch mal Glück gehabt!" Das Kaminfeuer hatte so laut geknistert, dass Randolf keine Schritte auf der Treppe gehört hat. „Nur ein kurzes Gewitter. Kein Blitz – oh! Ein neuer Gast!"

Aus der Tür hinter dem Schanktisch ist eine Frau gekommen. Offenbar die Wirtin. Eine große, kräftige Frau. Resolut streicht sie sich mit der ganzen Hand eine Haarsträhne aus der Stirn, wischt die Hand an der Schürze ab und fragt geschäftig: „Ein Bier? Oder Wein? Wenn Ihr hungrig seid, habt Ihr Glück. Bei uns gibt's heute Hammelbraten – so was hat man nicht alle Tage."

„Ja, etwas zu essen wäre nicht schlecht. Und ein Krug Bier", sagt Randolf.

Die Wirtin schaut den Schmied an. „Und du, Guntram? Für dich noch eine Flasche von dem Roten?"

Der Schmied nickt und die Wirtin nickt und verschwindet in der Küche.

Draußen, in der Dunkelheit, weht ein kräftiger Wind. Windstöße treiben und peitschen zuweilen ganze Regenschwaden gegen die kleinen Fensterscheiben, dass es prasselt.

Randolf und der Waffenschmied Guntram sitzen am Feuer und erzählen sich, was sie erlebt haben.

Geschichten von ihren Reisen. Guntram, stellt sich heraus, hat mal einen Menschen getötet. Einen Wegelagerer, der ihn ausrauben wollte und der nicht mit Guntrams spitzem Dolch gerechnet hatte.

Eine Bewegung im Raum: Grete bringt den Hammelbraten. Sie stellt einen dampfenden Teller und einen Bierkrug auf einen der dunklen Tische und zündet die dicke Kerze an, die auf dem Tisch steht.

Randolf setzt sich zum Essen an den Tisch. Guntram bleibt am Kaminfeuer sitzen. Von hinten gesehen, gegen das flackernde Licht der Flammen im Kamin, sieht er aus wie ein schwarzes Schattenwesen vor einem rot und gelb leuchtenden Hintergrund.

„Ich bin müde und geh schlafen", verkündet Grete. Sie fragt Guntram: „Zeigst du unserem Gast das Zimmer, wenn er zu Bett gehen will?"

Guntram, ohne den Kopf nach ihr umzudrehen, murmelt eine brummelnde Antwort.

Guntram schnitzt etwas.

Er schneidet Späne ab von einem dünnen, länglichen Stück Blech, deutlich sind die abgeschnittenen Teile zu sehen, die auf den Boden rieseln.

Randolf setzt sich nach dem Essen wieder zum Aufwärmen vor das Kaminfeuer. Seine Augen schielen zu dem schmalen, dünnen Werkstück, das der Waffenschmied mit seinem Messer bearbeitet. „Ist das Kupferblech?"

Guntram nickt. „Dies soll ein Medaillon werden, zum Umhängen an einer Halskette."

8. Kapitel: Der Dämon

Randolf lehnt sich im Stuhl zurück und schaut in die Flammen. Was für tanzende Gestalten sich da im Kamin tummeln! Spitze Feuerzungen, die flackernd am Brennholz lecken und zuckende Formen bilden.

Plötzlich ein Stechen in Randolfs Nacken. An der linken Seite. Aufgeschreckt fegt Randolf mit der Hand über die Stelle und schlägt ein Insekt davon, eine dicke, schwirrende Bremse.

Heftig und erschreckend steht ihm sofort der Traumfetzen wieder vor Augen, der ihn vor Monaten aus dem Schlaf gerissen hatte: Etwas unbeschreiblich Böses flattert von hinten heran, blitzschnell, ein böses Schnabeltier, zack, hat es schon in die linke Seite des Nackens gestochen, und schlüpft in die Haut hinein. Etwas unbeschreiblich Böses.

Randolf befühlt die Stelle links hinten am Nacken. Genau dort, wo das Traumtier in seinen Körper geschlüpft war, brennt nun ein stechender Schmerz.

Das war eine Warnung, denkt Randolf. Ich muss auf der Hut sein.

„Wartet auf dich zu Hause eine Familie?", fragt der Waffenschmied. Mit seinem Messer hackt er einen Metallspan ab, der beim Fallen das Licht des Feuers spiegelt und blinkend zu Boden fällt.

Randolf stutzt. Warum erkundigt er sich nach seiner Familie? Will er wissen, ob ihn jemand vermissen würde, wenn er ihn aus dem Weg geräumt hat?

Aufs Geratewohl sagt er: „Ja, ich treffe mich morgen früh mit meinem großen Bruder – der hat im Nachbardorf zu tun." Es klingt nicht besonders überzeugend.

„Im Nachbardorf. Aha. In welchem denn?"

Zum Glück kann Guntram bei dem Feuerschein nicht sehen, dass Randolf das Blut heiß ins Gesicht schießt. „Äh ... wie das Dorf heißt, weiß ich nicht. Er sagte, er holt mich morgen hier ab."

Guntram sieht ihn abschätzig von der Seite an. Im flackernden Licht des Feuers treten die knochigen Wülste über seinen Augen besonders stark hervor. Oder sind sie tatsächlich geschwollen? Auch die Augen sehen anders aus. Sie haben ein Glitzern bekommen, das vorhin noch nicht da war. Ein verschlagenes, hinterhältiges Glitzern.

Der Mann, der neben ihm am Feuer sitzt, hat überhaupt keine Ähnlichkeit mehr mit Guntram. Das Gesicht hat sich zu einer kantigen, verzerrten Fratze verformt. Als sei etwas Fremdes in ihn gefahren und hätte von ihm Besitz ergriffen. Ein Dämon. Mit einer Waffe in der Hand.

Dämon
Wesen, das die Macht des Bösen in sich trägt

Schlagartig weiß Randolf: Nur Ruhe und Klarheit können jetzt helfen. Wenn er Angst bekommt, ist er verloren.

Randolf flüstert unhörbar: „Danke, mein Schutzengel, dass du bei mir bist und mir hilfst."

Der Dämon stimmt grölend ein Lied an. Ein brutales Soldatenlied: „Wir schlagen euch die Schädel ein, wir trinken euer Blut wie Wein ..." Das Messer blinkt und blitzt im Feuerschein.

Nicht hinschauen!, denkt Randolf. Er darf nicht in seinen Bann geraten.

An etwas Schönes denken! Aber an was?

8. Kapitel: Der Dämon

Er atmet, so ruhig er kann, und schaut in den Kamin.

Aus einem Holzscheit wächst eine gleißend helle Feuerzunge. Das grelle Licht ist beinahe weiß. So weiß und hell wie ... Randolf muss unwillkürlich an das Traumbild vom silbernen Segel denken.

Von einem Augenblick zum anderen fühlt er sich wie durchströmt von einer ruhigen Kraft.

Und plötzlich weiß er, was zu tun ist. Den Dämon besänftigen! Gleichmütig beginnt er zu sprechen: „Von einem Gaukler hab ich eine seltsame Geschichte gehört. Noch sind die Herzen der Menschen dunkel vor Angst, sagt er, aber eines Tages wird jemand es schaffen, das silberne Segel zu reiten."

Der Dämon hat ihm zugehört, seine Züge glätten sich. Aber noch immer ist da dieses verschlagene Glitzern in seinem Blick.

Randolf weiß plötzlich, wo er so ein Metallstück schon einmal gesehen hat, wie es der Waffenschmied bearbeitet. Das Amulett aus seinem Traum, mit dem seltsamen Rätselspruch, war aus solch einem Kupferblech gefertigt.

Wie beiläufig fragt er: „Hast du eigentlich einen kleinen Werkzeughammer, mit dem du in das Metall eine Schrift prägen kannst?"

„Schrift? Na klar kann ich das."

„Dann hab ich einen Auftrag für dich. Ich will ihn dir auch bezahlen. Ich brauche ein Amulett mit einer ganz bestimmten Inschrift."

„Mal sehen. Mach ich vielleicht morgen."

"Nein, ich brauche es noch heute Abend, morgen reise ich schon sehr früh ab. Fang am besten gleich an."

Das Unglaubliche geschieht: Der Dämon steht auf und holt Werkzeug aus seinem Reisebündel.

Er gehorcht, stellt Randolf verblüfft fest. Er hat ihm einen Befehl gegeben, und der Dämon gehorcht!

Mit Kreide malt er auf einen Tisch, wie das Amulett geformt sein muss. Es soll genau so aussehen, wie er es in seinem Traum gesehen hat.

Der Waffenschmied hat sich einen kleinen Tisch herangezogen, auf dem er nun das Metall bearbeitet. Seine Gesichtszüge entspannen sich. Es ist, als ob der Dämon aus ihm geflohen ist, und sich der Waffenschmied wieder in den Guntram zurückverwandelt, den Randolf zu Anfang kennengelernt hat.

Buchstabe um Buchstabe hämmert und prägt Guntram die Schrift ins Metall, die Randolf ihm aufgeschrieben hat:

Folge dem
Wer lernt
über Leben
GLEICH.

"Warum willst du so einen komischen Spruch draufhaben? Das versteht doch kein Mensch!"
"Es ist ein Rätsel", sagt Randolf. "Ich möchte es eines Tages lösen."

„So was Ähnliches hatte auch dieser verrückte Kapitän gesagt, von dem ich dir erzählt hab."

„Der mit der Schiffsladung Silber?"

„Der hat sich fast genau so'n Ding bei mir bestellt."

„Auch ein Amulett aus Kupferblech?"

Guntram nickt. „Sogar die Buchstaben sahen so ähnlich aus. Das ganze verdammte Ding wollte er fast genau so haben wie du deins. Nur der Spruch war anders."

„Wie hieß der Spruch, den du ihm draufgeschrieben hast?"

„Das war auch so'n wirres Zeug. Hab ich nicht behalten. Aber genau wie du hat er gesagt, das ist ein Rätsel, und er will es lösen."

„Hat er einen Namen hinterlassen? Oder eine Adresse?"

„Nein, er wartete auf sein Amulett wie du, und er guckte mir beim Arbeiten genau auf die Finger. Er hatte die gleichen Vorstellungen wie du – darum fällt mir dein Auftrag ja auch nicht schwer."

„Wie lange ist das her?"

„Ein, zwei Monate. Ich war gerade in Glückstadt, das ist 'ne Hafenstadt an der Elbe, kurz hinter Hamburg."

„Und wie sah er aus, dieser Kapitän?"

„Ein großer, ziemlich klobiger Kerl. Ob er ein richtiger Kapitän ist, weiß ich nicht. Er trug seine Uniform, als hätte er sie sich geliehen ... wie einer, der sich verkleidet hat, weißt du? Wie einer, der normalerweise in ganz anderen Klamotten rumläuft. Er hatte etwas Wildes, Raues an sich – trotzdem trat er auf wie jemand, der es gewohnt ist, Befehle zu geben."

„Hat er gesagt, wohin er wollte?"

„Nein, über sich hat er überhaupt nichts erzählt. Mit mir sprach er nur über das Amulett. Die meiste Zeit wartete und schwieg er."

„Überleg noch mal! Wie lautete sein Spruch?"

„Die Worte Mut und Tod kamen drin vor, das weiß ich noch. Und wie bei dir sollte ich ein Wort in Großbuchstaben schreiben."

„Mut und Tod?", murmelt Randolf.

„Mehr weiß ich beim besten Willen nicht." Guntram zuckt die Schultern, als wolle er sich dafür entschuldigen. Dann hellt sich sein Gesicht auf: „Eine Sache war mir noch aufgefallen an dem Kapitän: Er humpelte. Am rechten Fuß trug er einen Schuh, der schwerer war als der andere. Als sei er aus Eisen. Vielleicht eine Art Manschette, um einen kaputten Fuß zu stützen."

Es ist tiefe Nacht, als Guntram ihm das fertige Amulett in die Hand gibt. „Hast du es dir so vorgestellt?"

„Ja, genau so sollte es sein." Es ist verblüffend: Das Amulett sieht wirklich genau so aus, wie er es im Traum gesehen hat.

Das Haus ist ruhiger geworden. Der Wind hat sich gelegt und rüttelt nicht mehr an den Fensterläden.

8. Kapitel: Der Dämon

Als Randolf sich das Amulett an einer Lederschnur um den Hals gehängt und unter sein Hemd gesteckt hat, greift er nach seinem Geldbeutel. „Wie viel bin ich dir schuldig?"

Guntram wehrt ab. „Lass mal. Ich schenk es dir gerne." Guntram lächelt ihn an. Da ist nichts Hinterhältiges mehr, der Blick ist ohne Arg.

<small>Arg Falschheit, Bosheit</small>

Er und Randolf sagen sich als Freunde Gute Nacht, als er Randolf zu seiner Kammer geführt hat.

Am nächsten Morgen, beim Frühstück, sagt Randolf ihm auf den Kopf zu: „Gestern Nacht habe ich einen Dämon gesehen, der von dir Besitz ergriffen hatte."

Anstatt zu lachen, nickt Guntram nur sehr ernst und legt den Kanten Brot beiseite, an dem er gekaut hat. „Das geht schon seit meiner Kindheit. Manchmal werde ich von ihm gepackt und weiß nicht mehr, was ich tue. Anfälle von Zerstörungswut. Darum haben mich damals meine Eltern davongejagt. Ich hatte das ganze Haus in Brand gesteckt. Dir ist es gelungen, den Dämon zu vertreiben. Darum wollte ich dir das Amulett schenken."

„Und wenn ich es nicht geschafft hätte?"

Guntram senkt den Blick und lacht unbeholfen. „Es wäre alles möglich gewesen. Ist ja vorbei." Dann greift er wieder nach seinem Stück Brot. „Wann holt dein großer Bruder dich ab?"

„Ich hatte nie einen Bruder. Meine Eltern und meine Schwester wurden von plündernden Soldaten getötet."

8. Kapitel: Der Dämon

Sie schauen sich schweigend an.

Beim Abschied sagt Guntram: „Wenn mir der Spruch von diesem Kapitän wieder einfallen sollte – wo kann ich dich finden?"

„Ich gehe nach Glückstadt."

Guntram schaut ihn überrascht an. „Ist dir dieser Kapitän so wichtig?"

„Er ist vielleicht der einzige Mensch, der den gleichen Traum gehabt hat wie ich. So jemand interessiert mich. Ist es weit nach Glückstadt?"

„Von Hamburg sind es nur noch zwei Tagesreisen. Guten Weg!"

Plötzlich kann Randolf es kaum erwarten, nach Glückstadt zu kommen. Als ihn eine Kutsche überholt, packt Randolf kurz entschlossen einen Haltegriff am hinteren Ende und springt auf. Er steht auf einem Brett und kann von den Fahrgästen nicht gesehen werden.

Die Kutsche bringt ihn beinahe bis vor die Tore der Stadt Hamburg. Schon zwei Tage später ist er in Glückstadt.

9. Kapitel: Der Kapitän

Im Hafen herrscht Hochbetrieb. Ringsum ein Rumpeln und Rattern und Rufen. Pferdewagen, Ochsenkarren, Handwagen, Schubkarren, Lastträger. Schiffe werden beladen, andere Schiffe sind gerade angekommen und haben Fracht aus fernen Ländern mitgebracht. Kisten und Säcke und Fässer werden gehievt und geschoben, geschleppt und gerollt. Man hört ein Durcheinander fremder Sprachen, denn die Menschen, die im Hafen arbeiten, kommen aus vielen Ländern der Welt.

Randolf betrachtet unschlüssig das wirre Treiben. Auf dem Weg ist er sich so sicher gewesen, dass er den Kapitän in Glückstadt ausfindig machen wird. Aber wie soll er die Suche nach ihm beginnen?

„Da zieht ein Sturm auf – Junge, Junge!", hört er plötzlich dicht über seinem Kopf einen Seemann sagen. Randolf bleibt stehen und schaut hoch.

Der Seemann steht an Bord eines deutschen Schiffes. Er hat einen Sack abgesetzt und blickt in die grauen Wolken, die vorüberjagen. Der andere Matrose, mit dem er gesprochen hat, schaut ebenfalls hoch und kratzt die dunklen Bartstoppeln an seinem Kinn.

Ohne zu überlegen, klettert Randolf den Laufsteg hoch und aufs Schiff.

„Wir brauchen keinen Schiffsjungen!", fährt der stoppelbärtige Matrose ihn an, „unsere Mannschaft ist komplett!"

„Ich muss euren Kapitän sprechen!"

9. Kapitel: Der Kapitän

Er spürt, wie sich das Schiff unter ihm bewegt, es zerrt unruhig an den Leinen, mit denen es an der Kaimauer festgemacht ist.

Der Stoppelbart runzelt misstrauisch die Stirn. Er spuckt über die Bordwand. „Der Käpten ist beschäftigt. Es kommt ein schwerer Sturm, und wir brauchen jede Hand, um die Ladung an Bord zu bringen. Du könntest tragen helfen und dir ein paar Groschen verdienen. – Hey Käpten!", ruft er plötzlich zu einem Mann, der aus einer Ladeluke gestiegen kommt und eine Kapitänsuniform trägt.

Das kann nicht der Mann sein, den Randolf sucht. Dieser Kapitän ist klein und stämmig, er trägt einen grauen Bart. Der Kapitän schnüffelt den Wind, presst die Lippen zusammen und verzieht das Gesicht. „Noch zwei Stunden, würde ich sagen, höchstens drei, dann bricht es los."

„Hier ist ein Junge, der mit anpacken will."

Aber Randolf hat sich schon umgedreht und verlässt das Schiff.

„Drückeberger!", knurrt der Stoppelbart und spuckt hinter ihm her.

Auch die Hafenarbeiter sind unruhig geworden. Sie arbeiten jetzt zügiger, blicken hin und wieder zum Himmel auf. Sie wollen fertig werden und überdacht vor einem Feuer sitzen, wenn der Regen einsetzt.

Wieder hat Randolf ein deutsches Schiff entdeckt. Er bleibt stehen und wartet, ob der Kapitän sich zeigt.

Der Abendhimmel ist dunkler geworden. Im Südwesten bauen sich Wolkenbänke auf, die sich wie Berge am Himmel türmen. Kühler ist es auch. Ein Windstoß fegt vereinzelte Regentropfen über den Hafen.

„He, Junge, hast du nichts zu tun?", ruft plötzlich eine kehlige Stimme.

Randolf schreckt auf. Ein Seemann mit schwarzem Bart beugt sich zu ihm über die Reling.

„Unser Käpten ist immer noch nicht von der Schmiede zurück! Lauf hin und sag' ihm, dass er dringend an Bord gebraucht wird."

„Wie soll ich wissen, wer euer Käpten ist?", fragt Randolf verblüfft und setzt hinzu: „Ich weiß ja nicht mal, wo die Schmiede ist!"

„In der Schiffswerft dort drüben!" Der Seemann zeigt auf ein großes Gebäude hinter den Häusern, am Ende des Hafens. „Frag nach dem Käpten der *Kra* ... – äh – der *Krähe*! So heißt unser Schiff: *Krähe*!"

Randolf trabt los, ohne zu überlegen, warum er für einen fremden Seemann einen Botengang macht. Er schlängelt sich durch das Gewimmel der arbeitenden Menschen. Je näher er dem Werftgebäude kommt, desto lauter hört er das Kreischen der Sägen und das Klopfen vieler Hämmer.

Aus einem Steingebäude quellen dichte Rauchschwaden. Durch die offenen Doppeltüren scheint ein grelles, glühendes Leuchten: das Schmiedefeuer.

In der Werkstatt ist es heiß. Der Rauch brennt Randolf in den Augen, als er ins überfüllte Innere späht. „Ich suche den Kapitän der *Krähe*! Wo finde ich ihn? Es ist dringend!"

9. Kapitel: Der Kapitän

Einer der Männer zeigt mit einer kleinen Kopfbewegung auf die hintere Tür der Werkstatt. Randolf schiebt sich hinter dem Mann vorbei. Er muss würgen in dem erstickenden Gestank von Schweiß und versengtem Leder, von verbranntem Holz und Metall.

Randolf drückt die hintere Tür auf und geht hindurch in einen langen, breiten Raum. Ein paar schmuddelige Fenster an einer der Längsseiten geben ein trübes, graues Licht.

Am Ende des Raumes arbeitet eine Gruppe von Handwerkern. Zwei von ihnen knien auf dem Fußboden und messen etwas mit einem geknoteten Seil. Ein Stück weiter, an einem Tisch, sitzen zwei Männer vor Flaschen und Gläsern. Sie trinken sich zu. Der eine ist offenbar der Schmied, der andere trägt eine Kapitänsuniform. Sie sind so in ihr Gespräch vertieft, dass keiner von ihnen Randolf bemerkt, bis er neben ihnen steht. Der Kapitän muss gespürt haben, dass jemand da ist, denn er dreht mit einem Ruck seinen Kopf zur Seite. „Was schleichst du hier rum wie eine streunende Katze?" Die Stimme des Kapitäns klingt laut und dröhnend.

„Einer von Euren Männern schickt mich. Ihr sollt schnell zum Schiff kommen. Er sagt, es sei dringend."

Verstohlen mustert er den Kapitän. Die Ärmel der Uniformjacke sind ein Stück zu kurz für die massige, kräftige Gestalt. Das Gesicht, rau und kantig, ist von Wetter und Wind zerklüftet und sieht aus, als sei es aus Leder. Darin blinken lodernde, wilde Augen. Das könnte der Mann sein, den Guntram beschrieben hat.

9. Kapitel: Der Kapitän

Er sieht tatsächlich so aus, als hätte er sich die Uniform nur geliehen.

„Dringend, sagst du?" Prüfend blickt ihn der Kapitän an. Dann sagt er zum Schmied: „Die Pflicht ruft. Aber es ist ja alles besprochen."

„Immer eine Freude, mit Euch Geschäfte zu machen." Der Schmied steht auf, um sich zu verabschieden. „Die Ware müsste inzwischen bei Euch an Bord sein. Ich sah, dass der Kutscher gerade zurückkam." Er geht vor, um dem Kapitän die Tür zum Hof zu öffnen.

Für einen Schlag setzt Randolf das Herz aus. Der Kapitän humpelt! Er zieht seinen linken Fuß hinter sich her, als sei er schwerer als der andere. Der Fuß ist mit Lappen und Lederstreifen umwickelt.

„Sieht nach schlechtem Wetter aus, Herr Kapitän", brummt der Schmied mit einem Blick zum Himmel. „Wenn ich als Landratte die Vorzeichen richtig deute, ist es ein schwerer Sturm, der sich da aufbaut."

Der Kapitän steht neben ihm in der Tür. Er prüft den Himmel, der sich verdunkelt hat. „Ich fürchte, Ihr habt recht." Er dreht sich zum Schmied um. „Macht lieber Eure Luken dicht! Komm Junge, wir haben keine Zeit zu verlieren."

Randolf eilt mit ihm über den Hof. Der Schmied winkt ihnen kurz hinterher und geht wieder hinein.

Der Kapitän hat einen raschen, schweren Gang. Er schwingt das Bein mit dem schweren Fuß ruckweise nach vorn, macht einen Schritt und zieht dann das Bein nach, wobei er es wieder mit Schwung nach vorne setzt.

9. Kapitel: Der Kapitän

Vorbei an Stapeln von Brettern, die zum Trocknen unter den Dächern offener Schuppen lagern. Ein prasselnder Regen hat eingesetzt. Der Kapitän beschleunigt seinen Lauf, und sein Umhang bläht sich hinter ihm auf. Randolf ist schnell bis auf die Haut durchnässt, seine Haare kleben am Gesicht. Als beide die Straße zum Kai erreichen, liegt sie fast verlassen da.

Die letzten Kisten und Ballen werden in die Lagerhäuser getragen. Menschen hasten unter die Dächer, platschen durch die Pfützen und halten ihre Mützen fest. Der Wind heult jetzt über den Hafen und treibt Regenwolken vor sich her. Böen zerren an der Takelage der Masten und bringen die Schiffe zum Schwanken.

Die *Krähe* ist ein rundbäuchig gebautes Schiff, manövrierfähig und schnell, und dennoch mit großen Lagerräumen im Inneren. Und sie braucht nur eine kleine Besatzung, was in diesen Kriegsjahren von großem Vorteil ist, weil es an Seeleuten mangelt.

Rund um das Schiff läuft eine stabile, geschlossene Reling – vom hohen Schwung der Galionsfigur am Bug, einem geschnitzten, roten, zähnefletschenden Löwen, bis zum Achterschiff mit den verzierten Seiten und einer geschlossenen Galerie mit Fenstern zur Großkajüte. Am Heck steht ein großer, geschnitzter Rahmen, voller kleinerer, drohender Löwen und kriegerischer Figuren, gekrönt von drei riesigen Laternen. Ein elegantes, gut aussehendes Schiff.

Randolf sieht oben Männer in der Takelage hängen. Sie reffen die Segel dichter an die Spieren, um

Takelage
alle Teile, die die Segel eines Schiffes tragen

Galionsfigur
aus Holz geschnitzte Figur, die am vorderen Ende des Schiffes befestigt ist

Bug
Vorderteil des Schiffsrumpfes

Achterschiff
hinterer Bereich des Schiffes (ab der Mitte)

Heck
hinterster Teil des Schiffes

reffen
einziehen

Spiere
Rundholz, Stange

die Fläche zu verringern, die dem Wind ausgesetzt ist. Der Kapitän seufzt erleichtert, als sie über den Kai eilen. Er sieht, dass seine Mannschaft vollzählig und fest bei der Arbeit ist. Zwei Gruppen von Männern machen vorn und hinten die Anker klar.

Niemand hält Randolf zurück, als er sich durch den Wind hinter dem Kapitän auf dem Laufsteg hoch zum Schiff kämpft.

Einem Seemann, der ihnen über das triefnasse Deck entgegenläuft, ruft der Kapitän zu: „Sind die Boote zu Wasser gelassen?"

„Aye, Aye, Käpten – die Männer warten drin."

„Holt den Laufsteg ein und bringt den vorderen Anker aus! Wir müssen weg von der Kaimauer."

Randolf schaut zu, wie mit äußerster Vorsicht der große Anker heruntergelassen und an Bord eines kleinen Bootes genommen wird, das dort schon gewartet hat. Das Boot, gegen die Strömung kämpfend, schleppt die Ankerkette hinter sich her und bewegt sich auf ein sperriges Holzgebilde zu, das in der Mitte des Hafens aus dem Wasser ragt. Ein Dalben zum Festmachen von Schiffen im Sturm.

Gleichzeitig wird der Heckanker an Bord eines zweiten Bootes genommen und dann am Norddalben befestigt.

Sobald die Männer wieder im Boot sind, gibt der Kapitän Befehl, auch diese Kette einzuholen.

„Festmachen", befiehlt der Kapitän. Dann wischt er sich den Regen aus der Stirn und sagt zu einem Seemann neben ihm: „Gute Arbeit, Steuermann."

9. Kapitel: Der Kapitän

9. Kapitel: Der Kapitän

Der Wind hat Orkanstärke erreicht, er heult und pfeift in der Takelage und trommelt gegen die Häuser. Randolf hält sich an der Reling fest. Da wird er unsanft auf die Schulter geschlagen. „Was ist mit diesem Burschen?", fragt der Steuermann den Kapitän. „Können wir noch einen Schiffsjungen gebrauchen?"

Randolf durchrieselt es heiß und kalt. Ein solches Angebot hat er in seinen kühnsten Träumen nicht erhofft. An Bord des Schiffes von dem Mann, der dieses Amulett besitzt ...

Randolf schlägt das Herz bis zum Hals. So eine Gelegenheit kommt bestimmt nie wieder! „Ich könnte lernen ...", beginnt er, aber der Kapitän achtet gar nicht auf ihn. Er knurrt zum Steuermann: „Die Schmiede hat geliefert, hör ich?"

„Ja – alle Kisten an Bord."

„Dann sind wir hier fertig. Morgen früh, wenn der Sturm vorbei ist, legen wir ab."

„Zum silbernen Segel?", fragt Randolf, ohne zu überlegen.

Da packt ihn der Kapitän mit eisernem Griff am Arm. „Was weißt du davon? Wer hat dir was erzählt?" Seine Augen blitzen.

Randolf schweigt.

Der Kapitän sagt: „Ich weiß nicht, wer dich geschickt hat und für wen du spionierst – aber du wirst keine Botschaft geben können. – Halt ihn unter Deck, bis wir den Fluss hinter uns haben!", befiehlt er einem Seemann, „und pass gut auf, dass er an Bord bleibt. Auf See kann er dann sowieso nicht mehr weg."

9. Kapitel: Der Kapitän

Randolf wird in einen engen, staubigen Raum ohne Fenster gesperrt. Die Tür ist mit einem dicken Riegel verschlossen.

Das Schiff schlingert. Randolf wird schwindelig.

War es richtig oder falsch, dass ich mich so sehr beeilt habe, nach Glückstadt zu kommen? Einen Tag später wäre das Schiff schon weg gewesen, und ich hätte den Kapitän verpasst. Aber dann wäre ich jetzt noch frei und kein Gefangener.

Stunde um Stunde bleibt er in seiner Kammer allein. Nur ein Luftloch hoch über seinem Kopf zeigt ihm, dass draußen bereits wieder Tag ist. Erschöpft schläft er ein. Als er aufwacht, steht neben ihm eine Flasche mit Wasser. Auch ein Stück Brot hat man ihm hingelegt. Das ist ein kleiner Trost: Wenn der Kapitän ihn umbringen wollte, wäre es ihm egal, ob er verdurstete oder verhungerte. Er will ihn also am Leben lassen.

Randolf sieht nicht, dass die Elbe inzwischen hinter ihnen liegt und sie das offene Meer erreicht haben. Er sieht auch nicht, dass alle Männer sich umgezogen haben und nun verwildert und wüst aussehen. Er sieht nicht, dass nun vorn am Bug ein Mann an Seilen heruntergelassen wird und sich an der Schrift mit dem Schiffsnamen zu schaffen macht. Er kratzt Teile der Farbe ab, die Punkte über dem A und den Querbalken des H. Aus dem Rest vom H macht er zwei L. Wo vorher *KRÄHE* zu lesen war, steht nun *KRALLE*.

Und Randolf sieht nicht, dass die deutsche Flagge eingeholt wird. Nun weht hoch oben eine schwarze Fahne mit Totenkopf und gekreuzten Knochen.

10. Kapitel: Die Mannschaft der *Kralle*

Nach zwei Tagen wird plötzlich die Tür geöffnet. Eine brummige Stimme knurrt: „Der Käpten will dich sprechen."

Randolf wird einen dunklen Gang entlang, eine steile Treppe hoch und auf das Deck geführt bis zum hinteren Ende des Schiffes.

Ringsum, zu allen Seiten, ist nichts als Wasser zu sehen. Die Nordsee. Bis zum Horizont graugrünes, leicht wogendes Wasser, glitzernd beleuchtet von einer frühen Junisonne, die immer mal wieder von Wolken verdeckt wird.

Das Schiff segelt mit ruhiger Fahrt zu einem unbekannten Ziel.

Vor der Kapitänskajüte im Heck bleibt der Begleiter stehen und klopft an die Tür.

„Reinkommen!", dröhnt eine tiefe Stimme, so laut, als hätte sie gerufen, aber die Stimme hat mit normaler Lautstärke gesprochen.

Der Kapitän, der sich da halb sitzend, halb liegend, bequem auf der gepolsterten Bank lümmelt und Rum trinkt, trägt keine Uniform mehr. Er richtet seinen massigen Körper ein Stück auf, stützt sich auf einen Arm und schaut Randolf in die Augen. Er trägt ein dunkelrotes Hemd mit weiten Ärmeln aus grobem Leinenstoff und eine ausgebeulte schwarze Hose mit breitem Gürtel. Aus einem Hosenbein streckt sich ein nackter Fuß, der auf der Seitenlehne liegt. Das andere Hosenbein ist in Höhe des linken Fußes abgeknickt und hängt schlaff herunter. Vor der Polsterbank steht auf dem Boden ein künstlicher Fuß aus Eisen, an dem Riemen und Schnallen befestigt sind.

„Du willst mir also was vom silbernen Segel erzählen", dröhnt die kraftvolle Stimme. Das ist nicht etwa eine Frage, sondern eine nachdrückliche, mit großer Selbstverständlichkeit gebrummte Feststellung, die keinen Widerspruch duldet. „Setz dich!"

Randolf geht zu dem angebotenen Stuhl am Tisch vor der Polsterbank und nimmt Platz.

Was soll er nur tun? Randolf überlegt verzweifelt. Wenn er dem Kapitän klipp und klar sagt, dass er nichts weiß, wird der ihm entweder nicht glauben und ihn foltern lassen, oder er wird ihm glauben und ihn als unnütz und lästig aus dem Weg schaffen. Nach dem Amulett fragen kann Randolf auch nicht. Dann hielte der Kapitän ihn womöglich für einen eingeweihten Mitwisser und würde ihn erst recht ausquetschen wollen.

„In wessen Auftrag hast du mich nach dem silbernen Segel gefragt?", durchschneidet die Stimme des Kapitäns die Stille.

Randolf zwingt sich, dem Blick standzuhalten. Nicht die Augen zu Boden senken! Er sagt mit klarer Stimme: „Ich hatte davon geträumt." Ein instinktives Gefühl rät ihm, es sei das Beste, bei der Wahrheit zu bleiben.

Und das ist genau richtig, wie er schon im selben Augenblick erkennt: Mit einem Ruck hat Eisenfuß sich aufgerichtet und starrt ihn verblüfft an. „Geträumt?" Er ruft es nicht wütend, wie jemand, der das Gefühl hat, dass man sich über ihn lustig macht, sondern er ruft es aus ehrlichstem inneren Erstaunen, wie jemand, der weiß, wovon die Rede ist.

Randolf sagt: „Ich habe nur meine Träume. Ich hab davon geträumt, wie es ist, das silberne Segel zu reiten. Das muss ein fantastisches Gefühl sein. Darum hab ich mich auf den Weg gemacht. Wenn wir beide dasselbe Ziel haben, sollten wir zusammenarbeiten. Vielleicht träume ich wieder, und das hilft dann uns beiden."

„Reiten? Du willst es nur *reiten*?"

„Es ist, als ob es dann keine Angst mehr gibt. Ich habe mich noch nie so frei und so glücklich gefühlt wie in diesem Traum."

Plötzlich weiß Randolf, dass sein Vater im Traum nicht gerufen hat ‚*Reite* das silberne Segel', sondern ‚*Rette* das silberne Segel! Es ist in Gefahr!'. Aber das behält er lieber für sich.

„Hast du auch geträumt, dass du nach Glückstadt gehen musst, um mich zu finden?"

„Nein", gibt Randolf freimütig zu. „In einem Gasthof habe ich mich mit einem wandernden Waffenschmied angefreundet. Er war dabei, ein Medaillon aus Kupferblech zu machen – "

„Mit einer Schrift?", fällt Eisenfuß ihm ins Wort.

„Nein. Einfach nur so, er saß am Kamin und schnitzte ein Medaillon ohne Schrift. Er erzählte mir aber, dass er mal für einen Kapitän in Glückstadt ein ähnliches Stück angefertigt hat, mit irgendeiner wirren Inschrift, die er nicht behalten konnte. Und das erschien mir merkwürdig, denn kurz vorher hatte ich selbst im Traum vom silbernen Segel ein seltsames Amulett aus Kupferblech gesehen. Auch darauf war eine wirre, sinnlose Inschrift, an die ich mich beim Aufwachen nicht mehr erinnern konnte. Ich weiß nur noch, dass darin die Worte *Mut* und *Tod* vorkamen."

Eisenfuß schaut ihn lange nachdenklich an. „Ich glaube kaum, dass du dir das ausgedacht hast", sagt er schließlich. „Willkommen an Bord der *Kralle*, Schiffsjunge! Wenn du wieder was träumst, sag mir Bescheid. Für einen guten Hinweis, der uns zum Ziel führt, verspreche ich dir so eine Kiste voll Silber." Er zeigt auf eine große Seemannskiste an der Wand. „Damit bist du dein Leben lang ein reicher Mann. Aber wehe, du arbeitest gegen mich! Das wäre dein Todesurteil. Nur, damit wir uns verstehen."

Randolf steht auf und gibt ihm mit ernster Miene die Hand. „Ich habe verstanden, Käpten", sagt er. „Wo ist ab jetzt mein Schlafplatz auf diesem Schiff?"

„Unten bei der Mannschaft. – Daddeldu!", brüllt er plötzlich mit lauter Stimme, und die Tür zur Kapitänskajüte wird aufgerissen. Im Türrahmen steht der Steuermann.

„Zeigt unserm neuen Schiffsjungen sein Quartier! Erklärt ihm, was es an Bord zu tun gibt und wie es getan werden muss. Und gebt ihm was Vernünftiges zu essen!"

„Aye, aye, Käpten!" Mit einer demütigen Verbeugung nimmt Steuermann Daddeldu die Befehle entgegen und führt Randolf übers Deck zur Kombüse, wo es nach würzigem Essen riecht.

Randolf ist mit sich zufrieden, als er die Suppe löffelt. Seine Geistesgegenwart hat ihn gerettet: Eisenfuß betrachtet ihn nicht mehr als Feind. Aber ihm gehen so viele Fragen durch den Kopf.
Wohin fahren wir? Warum hat der Käpten es so eilig? Weiß er womöglich, wo das silberne Segel zu finden ist? Und was ist mit den drei Aufgaben? Der Gaukler damals hatte erzählt, dass nur derjenige das silberne Segel finden kann, der drei Aufgaben gelöst hat. Ist Eisenfuß schon so weit? Wie kann man das herausfinden?

Schon bald hat Randolf keine Zeit mehr für Grübeleien. An Bord gibt es viel Arbeit. Planken schrubben! Eimer schleppen! Taue aufwickeln! Überall wird gearbeitet. Ein Zimmermann fertigt und repariert nötige Holzteile, ein Schmied ist für Werkzeuge und Eisenarbeiten zuständig, Segeltuch wird geflickt, Taue werden geknüpft – und jeder ruft nach einem Handlanger, der ihm eben mal schnell etwas holen oder bringen soll. Manchmal kommt Randolf kaum zum Luftschöpfen.

Wenn Eisenfuß ihn sieht, heißt es meistens: „Hast du gerade nichts zu tun? Dann geh Kanonen putzen!"
Denn die Kanonen müssen immer geputzt werden. Jeden Tag kann es passieren, dass der Kapitän eine Schießübung befiehlt.

Die Piraten behandeln ihren Kapitän wie einen grausamen König, den sie zu gleicher Zeit verehren und fürchten.

Am meisten freut sich Randolf, wenn er eingeteilt wird, um Netze zu flicken. Zwar ist die Arbeit mühselig und geht langsam von der Hand, aber er kann sich dabei mit dem alten Dok unterhalten.

Gleich beim ersten Mal hatte er gespürt, dass dieser Netzflicker anders ist als alle anderen an Bord. Nicht nur, weil er keinen Bart trägt und schon weißes Haar hat. Der alte Dok hat Randolf noch nie im Vorbeigehen geschubst oder gestoßen. Er bekommt auch von den anderen keine Schläge. Dok hält sich meistens abseits bei seinen Netzen auf, drängelt nicht bei der Essensausgabe und hat in der Regel ein zufriedenes Lächeln im Gesicht.

Nachdem Randolf ein paar Mal Stunde um Stunde schweigend neben ihm gesessen und Netze geflickt hatte, fragt er ihn eines Tages: „Die anderen nennen Euch Dok. Ist das Euer richtiger Name?"

Er erntet ein munteres, fröhliches Lachen. „Komischer Name, was? Dok ist die Abkürzung für Doktor. Und du kannst auch ruhig Dok zu mir sagen."

Er ist tatsächlich ein richtiger Doktor. Früher lebte er als Arzt in einer Hafenstadt in England. Die Stadt heißt Southampton.

„Es wurde mein Schicksal, dass damals ausgerechnet in meiner Stadt dieser berüchtigte Piratenkapitän zur Strecke gebracht wurde", erzählt der alte Dok. „Der Mann wurde in der ganzen Welt gesucht – und ausgerechnet in Southampton hatte man ihn eingekerkert. Er war überall zum Tode verurteilt worden, in London, in Hamburg, in Lissabon, in großen Hafenstädten auf der ganzen Welt. Aber keine Stadt konnte ihn dingfest machen und die Urteile vollstrecken. Bis er in unsere Stadt kam. In unseren Mauern wurde er gefasst, in unserem Kerker hat man ihn an die Kette gelegt, und auf unserem Marktplatz baute der Henker mit seinen Helfern den Galgen auf. Einen Tag später machten sie lange Gesichter. Der Käpten ist ein zäher Hund. Als er das Beil zugesteckt bekam und sich den Fuß abhackte, warteten schon seine Leute und brachten ihn zurück aufs Schiff. Und mich haben sie ganz einfach mitgenommen."

„Entführt?"

Dok nickt. „Damit ich ihm sein kaputtes Bein versorge. Die ersten Jahre habe ich immer wieder versucht zu fliehen, aber jedes Mal hat Eisenfuß mich dann doch noch erwischt, egal, wo ich mich verstecken wollte."

„Und nun bleibst du einfach auf dem Schiff und lächelst? Als Gefangener?"

Dok seufzt. „Das wirst du vielleicht nicht verstehn, Junge. Eines Tages hab ich begriffen, dass dies hier wohl wirklich mein Schicksal ist. Hier werde ich gebraucht, und hier kann ich helfen."

Randolf schweigt. Er arbeitet an seinem Netz.

Wenn er verstohlen den Dok betrachtet, der neben ihm arbeitet, staunt er immer wieder, wie heiter und friedlich dieser Mann seine Arbeit macht. Er scheint mit sich und der Welt zufrieden zu sein.

„Was war eigentlich in diesen großen Kisten von der Schmiede, die in Glückstadt an Bord kamen?"

„Die neuen Kanonen! Es sind die besten und genauesten Kanonen, die man nur finden kann. Auf eine Seemeile Entfernung treffen sie eine Kokosnuss am Baum. Eisenfuß ist so stolz darauf, als hätte er sie selbst erfunden."

„Und die Piraten? Ordnen die sich alle dem Käpten unter, ohne zu mucken? Oder hat mal jemand versucht, ihn abzumurksen?"

„Sie wissen, dass sie von Eisenfuß besser beschützt werden als irgendwo anders. Als Kapitän hat er seiner Mannschaft schon mehrmals das Leben gerettet."

„Weil er sich selbst retten wollte!"

„Alle leben noch, und dafür sind sie Eisenfuß dankbar."

Auch die anderen Piraten lernt Randolf nach und nach kennen:

Daddeldu, den unterwürfigen Steuermann, der sich vor der Mannschaft gerne aufplustert und furchtbar wichtig tut; Morten, den Schmied, der gerne Rum trinkt und sich mit den anderen prügelt; den Schiffszimmermann Luis, der immer zu fröhlichen Scherzen aufgelegt ist; Zach, den lispelnden Segelmacher, und den Österreicher Bänki, der aus Versehen einen Kameraden erstochen hat und fliehen musste.

Smutje, der Koch, steckt meistens in der Kombüse und zeigt sich selten an Deck. Er ist ein gemütlicher, umgänglicher Mann, der Randolf auch mal nebenbei einen Bissen zusteckt. Solange noch genug da ist. Immer öfter gibt es nur den Fisch zu essen, den die Männer gefangen haben. Immer öfter wird gefischt, und immer öfter wird Randolf zum Netzflicken eingeteilt.

11. Kapitel: Im Maul des Fisches

Es gibt Fisch zum Frühstück, Fisch zum Mittagessen, und als Abendbrot serviert Smutje Fisch. Bald ist Randolf nicht mehr der Einzige, dem schon übel wird, wenn er Fisch nur von Weitem riecht.

Was beinahe noch schlimmer ist: Auch das Trinkwasser wird allmählich knapp. Vom vielen Fisch bekommen die Männer Durst, aber die Wasserrationen, die Smutje austeilt, werden jeden Tag kleiner. Heiß und gnadenlos brennt die Sonne, die Planken sind aufgeheizt und kühlen sich selbst nachts kaum ab. Seit Tagen steht kein Wölkchen am Himmel, und die Tonnen zum Auffangen des Regenwassers sind ausgetrocknet. Trotzdem weicht Eisenfuß nicht vom Kurs ab, er scheucht die Männer bei der Arbeit und tut so, als spüre er den wachsenden Unmut der Mannschaft nicht.

Die *Kralle* segelt auf einer so abgelegenen Route, dass ihnen wochenlang kein einziges Schiff begegnet. Der Käpten steuert auf eine Insel in der Südsee zu. Dort will er einen geheimnisvollen Medizinmann namens Usibepu an Bord holen. Das hat Randolf bei einem Gespräch mit Zach und Bänki erfahren. Offenbar soll dieser Medizinmann ihm beim Auffinden des silbernen Segels helfen. Aber wie? Und was ist Randolfs Aufgabe auf dieser Reise? Soll er den Raubzug verhindern? Der alte Dok würde ihm vielleicht helfen. Aber zu zweit gegen Eisenfuß und die gesamte Mannschaft?

11. Kapitel: Im Maul des Fisches

Im Traum hatte er letzte Nacht ein fremdes Gesicht gesehen. Ein südländisches Mädchen sagte: „Die dritte Aufgabe ist die schwerste. Aber du wirst Hilfe haben, wenn du die ersten beiden gelöst hast."

Er versucht, sich an das Gesicht von diesem südländischen Mädchen zu erinnern. Wie hatte sie ausgesehen? Auf der Stirn trug sie einen dunklen, gemalten Punkt.

Aber wieder und wieder schiebt sich Lillis Bild dazwischen. Schon oft hat er sich gefragt, wie es Lilli wohl inzwischen ergangen sein mag. Immer wieder wandern seine Gedanken zu der kleinen Stadt an der Elbe, wo er Lilli nach einer letzten Umarmung zurückgelassen hat.

„Wozu braucht ein Piratenkapitän einen Eingeborenen-Zauberer?", fragt Randolf den Dok eines Nachmittags.

Dok näht mit feinen Stichen eine zerrissene Masche zu Ende, dann lässt er die Arbeit sinken, streicht sich eine weiße Haarsträhne aus der Stirn. „Über seine Pläne spricht Eisenfuß nie. Aber ich mache mir meine Gedanken."

Randolf schaut ihn an und sagt vorsichtig: „Daddeldu meint, es geht um einen sagenhaften Silberschatz."

Dok nickt. „Davon wird gemunkelt, und es hängt wohl damit zusammen. Ich denke, dass dieser Usibepu dem Käpten helfen soll, ein bestimmtes Rätsel zu lösen." Er greift wieder nach dem Netz.

Randolf schaut ihn von der Seite an. Er fühlt, dass der alte Dok mehr weiß, als er zugeben mag. Wie kann ich sein Vertrauen gewinnen, damit er sein Geheimnis mit mir teilt?

Ich muss ihm als Erster vertrauen, weiß Randolf plötzlich, als ihre Blicke sich treffen und Randolf in diese klaren, leuchtenden Augen blickt.

Vorsichtig lugt er nach allen Seiten. Offenbar ist kein ungebetener Zuhörer in der Nähe. Er zieht sein Amulett am Lederband hervor und zeigt es Dok. „Hängt das Rätsel vielleicht mit so einem Amulett zusammen?"

Dok lässt überrascht das Netz fallen und vergisst den toten Fisch, den er gerade herausschneiden wollte.

„Wo hast du das her?", flüstert er aufgeregt. „So ein Amulett hat Eisenfuß auch!"

„Ich weiß." Randolf erzählt ihm von der Nacht im Gasthaus mit dem Waffenschmied und dem Dämon. Er fragt: „Hast du das Amulett von Eisenfuß gesehen? Konntest du die Inschrift lesen?"

Dok nickt. „Das ist noch gar nicht lange her. Der Käpten hatte sich verletzt, er war betrunken gegen eine spitze Kante gestolpert. Seine Brust blutete, und ich musste ihm das Hemd aufreißen. Benebelt wie er war, hat er das Amulett nicht mehr rechtzeitig vor mir versteckt."

Randolf kann seine Ungeduld nicht zügeln. „Stehen bei ihm wirklich die Worte *Mut* und *Tod*? Hast du dir den Spruch ganz genau merken können oder nur ungefähr?"

11. Kapitel: Im Maul des Fisches

Dok sagt verwundert: „Du weißt schon eine ganze Menge. In der ersten Zeile steht nur *Traum*. Dann *zu herrschen*. Die dritte Zeile heißt *und Tod*? Mit Fragezeichen. Und dann, in großen Buchstaben und mit Ausrufungszeichen: *MUT!*"

Randolf wiederholt sich diese Worte immer wieder im Kopf, um sie nicht zu vergessen.

Dok studiert aufmerksam die Schrift auf Randolfs Amulett und murmelt sie vor sich hin.

Folge dem
Wer lernt
über Leben
GLEICH ...

„Man sollte beide nebeneinander lesen. Ergibt das einen Sinn?"

Randolf sagt die einzelnen Zeilen nacheinander auf, immer erst eine Zeile von ihm und dann eine von Eisenfuß:

Folge dem Traum!
Wer lernt zu herrschen über Leben und Tod?
Gleich Mut!

Plötzlich erhascht Randolf einen Blick vom Steuermann, der triumphierend in Richtung Kapitänskajüte verschwindet. „Daddeldu!", zischt er wütend. „Ob er uns belauscht hat?"

„Es kann nicht schaden, wenn wir dein Amulett

verstecken", rät Dok. Er greift danach und stopft es in das Maul des großen toten Fisches im Netz.

Randolfs Herz pocht. „Wenn Eisenfuß gleich auftaucht, wissen wir Bescheid", murmelt er grimmig vor sich hin.

Dok überlegt. „Wir müssen einen kühlen Kopf bewahren."

„Jajajaja!", zischt Randolf wütend.

„Folge dem Traum", sagt Dok. „Ich denke, das ist die erste Voraussetzung, und die habt ihr beide erfüllt, indem ihr die Amulette aus dem Traum in die Wirklichkeit gebracht habt."

„Aber er will es zerstören!", ruft Randolf.

„Darum geht es vielleicht nicht. Tatsache ist: Er hat sich, genau wie du, auf die Suche gemacht, und damit folgt er seinem Traum."

„Also eins zu eins für uns beide?" Randolf bringt ein verkniffenes Lächeln zustande.

„Jeder von euch hat die erste Aufgabe gelöst, ohne sie zu kennen", stellt Dok fest. „Die zweite heißt: Lerne zu herrschen über Leben und Tod."

Randolf beginnt, sich ein wenig zu entspannen. Vielleicht hat Daddeldu tatsächlich nichts gehört – und dann kennt nur Randolf die zweite Aufgabe! Eisenfuß ist im Nachteil. „Aber wie soll ich über Leben und Tod herrschen?" Fragend sieht er Dok an.

Der zwinkert listig mit den Augen, lehnt sich zurück und schaut übers Wasser. „Es muss einen Grund geben, warum diese Aufgabe als Frage formuliert ist. Die beiden anderen haben ein Ausrufezeichen, und nur die zweite ist eine Frage: „Wer lernt zu herrschen über Leben und – ?"

TOKK! TOKK!, reißt sie das Stampfen des eisernen Fußes aus ihren Gedanken.

„Der Käpten!", flüstert Dok erschrocken. Beide beugen sich in vorgetäuschtem Arbeitseifer über ihre Netze.

„Er kommt genau auf uns zu", flüstert Randolf, „und Daddeldu wieselt schadenfroh um ihn herum."

TOKK! TOKK! TOKK!

Eisenfuß bleibt vor Randolf stehen. Er spricht mit übertriebener Freundlichkeit, hinter der ein unterdrückter Zorn lauert.

„Vielleicht möchtest du mir gern alles erzählen, was du weißt, und kannst dich nur im Augenblick nicht daran erinnern. Es kann auf keinen Fall schaden, wenn die Ratten dich ein bisschen anknabbern. Das hilft immer, um ein müdes Gedächtnis zu erfrischen."

Ein rascher Wink, und Randolf wird von zwei Seiten gepackt.

Dok schaut ihn bestürzt an. Beide wissen, dass es besser ist zu schweigen. Es hätte keinen Sinn, Eisenfuß zu widersprechen, sagen Doks Augen.

Und sein beruhigendes Nicken sagt: „Ich pass auf dein Amulett auf, keine Sorge."

Randolf wird zur Luke des Laderaums geschleift.

Daddeldu öffnet mit hämischem Grinsen die Klappe der Ladeluke. „Wie gesagt, dem Letzten wurde der Hintern bis auf die Knochen abgenagt!"

Ein Tritt von hinten, Randolf verliert das Gleichgewicht und stürzt ins bodenlose Dunkel.

12. Kapitel: Kräftige Nahrung

Stöhnend richtet Randolf sich auf.

Überall Prellungen, der ganze Körper schmerzt. Aber er hat Glück gehabt: Es scheint nichts gebrochen zu sein.

Alles um ihn herum ist dunkel. Gedämpft kann er die Stimmen über seinem Kopf vernehmen.

Er hört, wie sich Kapitän Eisenfuß und sein Steuermann unterhalten. Gerade sagt Daddeldu: „Jetzt, wo wir den Spruch von beiden Hälften kennen, brauchen wir keinen Usibepu mehr!"

„Ach ja?" Eisenfuß dreht sich grimmig zu ihm um. „Erzähl!"

„Wir wissen, wie die drei Aufgaben heißen – und du hast sie alle drei gelöst." Er kichert. „Aufgabe eins sowieso. Folge dem Traum. Und dass du immer gleich sofort Mut hast – Aufgabe drei – das hast du genau so oft bewiesen wie Nummer zwei, zu herrschen über Leben und Tod."

„Dann zeig mir, wo du das silberne Segel siehst!", bellt Eisenfuß ihn an. „Es heißt, dass es sich demjenigen zeigt, der die drei Aufgaben bewältigt hat!"

Daddeldu bleibt stumm. Offenbar fällt ihm keine Antwort mehr ein.

Plötzlich hört Randolf, wie Bänki im Ausguck schreit: „Schiff voraus! Steuerbord!"

Hinter der Landzunge hat sich offenbar ein Handelsschiff hervorgeschoben.

„Gib mir das Fernrohr", befiehlt Eisenfuß. „Tat-

Steuerbord rechte Schiffsseite

sächlich. Das bedeutet fette Beute für uns! Holt die Flagge runter!"

Wieder hört Randolf hoch über seinem Kopf unruhigen Lärm. Oben an Deck ist hastiges Getrampel vieler Füße, er hört Rufe, Befehle, Gepolter.
Plötzlich ein gewaltiger Knall, als sei das ganze Schiff geplatzt.
Es ist ein Kanonenschuss. Jetzt hat die *Kralle* das fremde Schiff eingeholt. Die Piraten machen sich bereit zum Entern.
Johlend, brüllend und mit Pistolen um sich schießend, klettern die Piraten an Bord, rennen alles über den Haufen, stoßen jeden beiseite, der sich ihnen in den Weg stellen will. Sie stürmen zu den Ladeluken. Kisten und Fässer werden aufgebrochen und angestochen auf der Suche nach Lebensmitteln, Säcke werden aufgeschlitzt, und jeder Nahrungsbehälter wird jubelnd hinüber aufs Piratenschiff geschleppt.
Alle stürzen zu den Kisten, Fässern und Säcken. Sie greifen nach allem und beißen in alles hinein, was anders schmeckt als der ewige Fisch der letzten Tage.

Randolf hört unter Deck mit knurrendem Magen, wie sich die Piraten oben die Bäuche vollschlagen und ihren Durst mit Rum löschen. Und auf ihn warten in der Dunkelheit die Ratten.
Er hat das Gefühl, beinahe verrückt zu werden vor Angst. Wenn ich mein Messer nicht bei den Netzen liegen gelassen hätte! Wenn ich ein Netz über die Rat-

ten werfen könnte! Wenn es hier irgendwo einen Ausgang gäbe ...

Die unsichtbare Wolke aus Hass und Argwohn und Bosheit steht zwischen ihnen wie dicke Luft.

Und plötzlich weiß Randolf: Die Ratten riechen, dass er nicht ehrlich ist! Er selbst strömt ja auch nur Feindseligkeit aus! Vor Angst muss er stinken wie eine Ziege vor dem Schlachtermesser. Sie wittern, dass er sie austricksen will. Aber wie kann er das ändern?

Er zwingt sich, ruhig und gleichmäßig zu atmen. Schließt die Augen, lehnt den Hinterkopf an die Wand.

Bitte, ihr da draußen – wer immer mir diese Träume vom silbernen Segel geschickt hat! Helft mir! Ihr habt mir irgendeinen Auftrag gegeben, den ich nicht kenne, und ich habe mein Bestes getan, um ihn zu erfüllen – aber jetzt wird mich diese Angst töten. Warum kann ich nicht, wie damals bei dem Dämon –

Randolf hält inne.

Was war damals anders?

Den Ratten hat er bisher nichts gezeigt außer Angst und Feindseligkeit.

Randolf atmet noch einmal tief durch.

„Ihr braucht keine Angst vor mir zu haben", sagt er schließlich in die Dunkelheit hinein. „Ich will nur euer Gast sein. Versteht ihr das?"

Randolfs Herz pocht. Er schließt die Augen und stellt sich das helle, gleißende Licht vor, das er so oft im Traum gesehen hat. Das Licht des silbernen Segels.

Dann atmet er langsam aus. Er spricht betont ruhig

und gleichmütig: „Ich werde hier nichts kaputt machen und ich werde euch nichts tun."

Sein Atem fließt gleichmäßiger, und seine Stimme klingt beherzt: „Ich vertraue euch. Ich lege mich jetzt hier hin, und ich störe euch nicht. Keine von euch."

Er beugt sich langsam nach vorn. Mit ausgestreckten Armen fährt er beide Zeigefinger in großen Halbkreisbewegungen über den Fußboden, als ob er mit unsichtbarer Kreide einen Kreis um sich herum malt. „Seht ihr oder riecht ihr diese Markierung? Das hier ist mein Platz. Mein Bereich. Über diese Linie geht heute Nacht keine von euch. Ist das klar? – Danke, dass ihr mir Gastfreundschaft gewährt."

Oben an Deck ist es ruhiger geworden. Die Piraten, faul und müde vom vielen Fressen und vom Rum, haben sich kreuz und quer auf den Planken ausgestreckt.

Längst ist es Nacht geworden.

Da wird über Randolf die Ladeluke geöffnet und eine Strickleiter fällt herab. „Randolf!" Das ist Doks Stimme. „Kannst du dich allein bewegen? Oder soll ich dich holen?"

„Darf ich raus?"

Dok atmet erleichtert auf. Randolfs Stimme klingt klar und gesund. „Befehl vom Käpten, du sollst raufkommen. Bist du verletzt?"

Die Strickleiter strafft sich, Randolf kommt emporgeklettert. Dok hilft ihm aus der Luke heraus und betrachtet ihn erstaunt. „Haben die Ratten dich etwa in Ruhe gelassen?"

Randolf nickt. „Es scheint so." Er selbst kann es immer noch kaum glauben.

Dok legt ihm die Hand auf die Schulter. Er lächelt und seine Augen strahlen. „Dein Amulett ist in einem sicheren Versteck. Ich hab's in meinen Schuh eingenäht."

Er bückt sich im Vorbeigehen und greift in eine Kiste. „Hier, iss erst mal einen Happen!" Er reicht ihm eine riesige Fleischkeule.

Dankbar beißt Randolf in das geräucherte Kalbsfleisch und trinkt ein paar Becher Wasser. So frisches Trinkwasser hat es an Bord der *Kralle* lange nicht gegeben.

„Der Käpten will dich sehen", sagt Dok schließlich.

Randolf zuckt die Achseln: „Warum nicht?" Er geht hinter Dok her.

Eisenfuß sitzt auf einer Taurolle und beachtet ihn gar nicht, denn Daddeldu hat ihm gerade eine Sorte Kekse gebracht, die er noch nicht probiert hat. Eisenfuß stopft die Kekse in sich hinein, obwohl er kaum noch seine glasigen Augen offen halten kann. Jeden Happen spült er mit einem kräftigen Schluck Rum hinunter.

Auch Daddeldu sieht so aus, als hätte er schon ein halbes Fass leer getrunken.

„Lasst mich mit dem Jungen allein", sagt Eisenfuß zu Daddeldu und Dok. „Ich will was mit ihm bereden."

Erstaunt gehorchen die beiden und gehen in verschiedene Richtungen davon. Randolf setzt sich auf den angebotenen Platz neben Eisenfuß. Was nun wohl kommen wird?

Prüfend schaut Eisenfuß in Randolfs Gesicht. „So einer wie du ist mir in dreißig Jahren nicht untergekommen", murmelt er. „Keiner vor dir hat es geschafft, dass ihn die Ratten in Ruhe ließen."

„Ich hab wohl einfach Glück gehabt."

Eisenfuß reicht ihm die Rumflasche.

Ob er beleidigt ist, wenn Randolf ablehnt? Betrunkene soll man nicht reizen. Eisenfuß ist unberechenbar, wenn er betrunken ist. Vorsichtig setzt Randolf die Flasche an die Lippen und tut so, als ob er einen Schluck trinkt. Scharf brennt der Rum auf der Zunge.

Eisenfuß hält seinen Kopf dicht an Randolfs Ohr und flüstert: „Wie hast du das bei den Ratten gemacht? Was ist das Geheimnis?"

In Randolfs Kopf toben die Gedanken wie eine Horde von Affen. Jetzt nur nichts Falsches sagen! Er ist sein Feind, das darf er nicht vergessen.

„Dabei ist nichts Geheimnisvolles", sagt Randolf schließlich. „Ich habe die Ratten um Gastfreundschaft gebeten. Und seine Gäste – das weiß jeder Gastgeber – beißt man nicht."

Ihm geschieht, was den meisten geschieht, wenn sie die Wahrheit sagen: Eisenfuß glaubt ihm nicht.

Er starrt ihn mit aufgerissenen Augen an. Macht Randolf sich über ihn lustig?

Er lacht ein kurzes, heiseres Lachen. „Du lässt dir

nicht in die Karten gucken, das gefällt mir. Keiner kann dich einschätzen. Du könntest es weit bringen hier auf der *Kralle*. Aber ich weiß nicht, ob man sich auf dich verlassen kann."

„Mein Vater hat mir immer vertraut."

Überrascht beobachtet Randolf, was diese Antwort bei Eisenfuß bewirkt. Die Lippen des Käptens verzerren sich, als sei er plötzlich mit Wucht auf eine schmerzhafte Wahrheit gestoßen. Er seufzt und trinkt einen tiefen Schluck Rum.

Randolf spürt, dass Eisenfuß gern weiterfragen würde, dass ihm eine bestimmte Frage auf der Zunge brennt.

Beide schweigen.

Randolf steht auf. „War es das, was Ihr mit mir zu bereden hattet?"

Eisenfuß wedelt kurz die Hand. „Schon gut, schon gut. Geh mir aus den Augen!"

Nachdenklich schlendert Randolf zu Dok, der am Heck in einer unbeobachteten Ecke hinter einer großen Kiste sitzt.

Dok taucht einen Becher in ein offenes Wasserfass.

Beide trinken und lehnen sich zurück.

Am Nachthimmel glitzern Tausende und Milliarden Sterne.

„Erzähl!", bittet Dok schließlich. „Wie ist es dir ergangen?"

„Ich hab herausgefunden, dass Nummer zwei vielleicht noch gar nicht die Aufgabe ist, sondern eine Rätselfrage. Die muss zuerst beantwortet werden. *Wer lernt zu herrschen über Leben und Tod?* Die Antwort heißt: Wer daran glaubt, dass er die Angst besiegen kann. Und das erst wäre dann die zweite Aufgabe: die Angst überwinden."

Dok schaut ihn verblüfft an. „Wer die Angst besiegen kann ..." Er schmunzelt. „Und das ist dir bei den Ratten gelungen?"

„Ich war plötzlich ganz sicher, dass sie mich verstehen. Da war nicht mal mehr ein Zweifel."

„Hm", murmelt Dok. „Sehr gut. Das ist wohl wirklich der Trick: Man muss daran glauben."

Plötzlich richtet Randolf sich auf und streckt aufgeregt seinen Arm aus. „Da hinten! Siehst du das auch? Dieses Glänzende, da vorn auf dem Wasser – "

Dok dreht sich um und blickt in dieselbe Richtung. „Mh, ich weiß nicht, was du meinst."

Randolf zeigt auf einen tanzenden Lichtfunken, der weit weg am Horizont schwebt. „Ist das ein Schiff, was da leuchtet? Oder das silberne Segel?" Er unterbricht sich.

Beide schauen sich an.

Der Lichtpunkt ist noch zu weit weg, um ihn genau erkennen zu können.

13. Kapitel: Verstärkung

TOKK! TOKK! TOKK! Schleppend kracht der eiserne Fuß über die Planken. Der Käpten irrt betrunken umher. Er torkelt und stützt sich auf Kisten und Fässer, um nicht über seine Piraten zu stolpern.

„Nachtisch!", knurrt er heiser. „Verdammt noch mal, es muss doch noch irgendwo was zum Nachtisch da sein!"

Torkelnd schlurft er weiter. Öffnet Kistendeckel und schaut hinein.

„Blutwurst! Schinken! Rum, Sülze – ist denn die ganze Schokolade schon aufgefressen?"

Er steht nicht mehr weit von Randolf und Dok.

Eisenfuß reißt den Deckel einer großen Linsenkiste hoch – und prallt vor Schreck einen Schritt zurück. Der Kistendeckel klappt wieder zu.

Dok und Randolf schauen auf.

Eisenfuß reibt sich die Augen, er kratzt sich mit beiden Händen über den ganzen Schädel, wie um den Suff zu vertreiben. Zaghaft geht er nochmal an die Kiste heran, zögerlich, auf der Hut.

Plötzlich wird die Klappe mit einem Ruck von innen aufgestoßen. Aus der Kiste streckt sich ein Kopf hervor. Ein Kopf mit langen, schwarzen, strubbeligen Haaren –

Randolf unterdrückt einen überraschten Schrei. Er traut seinen Augen nicht. Der Mensch, der sich in der Kiste aufgerichtet hat und jetzt herausgeklettert kommt, ist – Lilli.

„Was fällt Euch ein, mir den Kistendeckel auf den Kopf zu knallen?", ruft Lilli. Sie baut sich vor dem Piratenkapitän auf, als sei sie ein wütender Engel der Rache.

„Auf – den – Kopf?", wiederholt Eisenfuß mit vor Schreck weit aufgerissenen Augen und weicht entsetzt vor ihr zurück. Ist dieses Mädchen ein Spuk oder Wirklichkeit?

„Ich hab Hunger", sagt Lilli. „Hab seit Tagen nur Linsen gegessen."

„Linsen!", wiederholt der Käpten und begreift nichts.

„Ja, die Kiste ist voll davon. Ich weiß nicht, wie viele Tage ich da drin war."

Eisenfuß kneift die Augen zusammen. „Ein blinder Passagier?"

„Ja – auf dem anderen Schiff, auf der *Armanda*", erklärt Lilli. „Hier auf deinem Schiff bin ich dein Gast, das ist ja wohl klar."

Eisenfuß schwirrt der Kopf. „Ich träume wohl ... ich fantasiere. Noch einen Schluck Rum!" Er torkelt davon.

Randolf und Lilli fallen sich überwältigt in die Arme. Das Leben erscheint manchmal unglaublicher als die verrücktesten Träume. Beide können gar nicht fassen, dass sie einander wiedergefunden haben. Sie lachen, kneifen sich gegenseitig, fragen und plappern beide gleichzeitig drauflos.

Dok zieht sie behutsam hinter die große Kiste.

13. Kapitel: Verstärkung

„Wiedersehensfreude ist etwas Schönes, aber wir müssen nicht gleich alle an Bord aufwecken!" Er gibt Lilli zu essen, und zu dritt setzen sie sich in das Versteck.

Flüsternd berichten sie sich, was sie erlebt haben.

Lilli war von zu Hause geflohen. Nach Randolfs Fortgang wurde ihr auf einmal überdeutlich bewusst, dass sie in einem goldenen Käfig lebte, eingepfercht zwischen der ewigen Rücksicht auf ihre kranke Mutter und den festen Vorstellungen ihres Vaters, der sich nur für sein Geld interessierte. Nachdem er ihr verkündet hatte, er würde sie umgehend mit einem alten, befreundeten Kaufmann verheiraten, hielt Lilli nichts mehr. Randolf hatte ihr gezeigt, dass sie ihr Leben selbst in die Hand nehmen konnte. Frei sein! Aus ihrer Geldschatulle nahm sie eine Handvoll Goldmünzen, schwang sich auf ihr Pferd und machte sich davon. Immer der Sonne nach, Richtung Westen, zum Meer.

Nach ein paar Tagen war das Pferd so erschöpft, dass Lilli es an einer Poststation zurücklassen musste. Eine Postkutsche war auf dem Weg in Richtung Holland. Das liegt auch an der Nordsee. In raschem Tempo kam sie nach Rotterdam.

„Dort hab ich ein Mädchen kennengelernt", erzählt Lilli. „Sie heißt Mara und ist auf der Suche nach ihrer Mutter. Sie hat mir geholfen, als ich von zwei Matrosen bedrängt wurde. Die wollten handgreiflich werden, aber Mara hat ihnen Pfeffer in die Augen geschleudert. Wir flüchteten auf die *Armanda* und versteckten uns im Laderaum, ich in der Linsenkiste und sie in einem Wasserfass ..." Sie springt auf. „Das muss hier irgendwo stehen! Ein Fass mit schwarzen Beschlägen ..."

„Sei vorsichtig!", flüstert Dok. Aber auch er und Randolf sind so neugierig, dass sie sich zu dritt auf den Weg machen und das Deck absuchen.

Das Fass mit den schwarzen Beschlägen ist nirgendwo zu finden, auch nicht in der Vorratskammer neben der Kombüse.

„Sie ist auf der *Armanda* geblieben!", ruft Lilli. „Wir müssen hinterher!"

Dok lächelt. „Da ist sie sicherer als hier auf der *Kralle*. Ich weiß nicht, wie die Piraten ein Mädchen behandeln werden. Dich allein können Randolf und ich notfalls beschützen, aber zwei von eurer Sorte wohl kaum."

Lilli seufzt und stützt sich auf die Reling. „Mara ist eine enge Freundin geworden. Ohne sie hätte ich die Wochen als blinder Passagier in der Dunkelheit bestimmt nicht überstanden."

Sie stehen am Heck des Schiffes, weit ab von der schlafenden Mannschaft, hinter der Kapitänskajüte.

Randolf legt den Arm um ihre Schulter. „Ihr werdet euch wiedersehen. Wir haben uns ja auch wiedergefunden."

Lilli lehnt den Kopf an seine Brust. „Hoffentlich geht es ihr gut. Sie hat nun niemanden mehr auf dem Schiff ..."

„Vielleicht wird sie ihre Mutter finden. Du sagtest, dass sie auf der Suche nach ihr ist."

Träumerisch blickt Lilli in die Sterne. „Merkwürdig, dass du von Maras Mutter sprichst. Das war nämlich ganz seltsam: Sie hat von einem Menschen geträumt, der eine Hose aus dem Fell eines Wolfes trägt."

„Von mir?", fragt Randolf ungläubig.

„Ihre Mutter hat ihr oft von diesem Traum erzählt. Ihr wurde gesagt, dass Mara aufgerufen ist, einem Freund bei einer wichtigen Aufgabe zu helfen. ‚Du wirst ihn erkennen, wenn du ihm begegnest', hat die Mutter zu Mara gesagt, ‚er trägt eine Wolfsfellhose.' Aber damit kannst du wohl doch nicht gemeint sein."

„Warum nicht?"

„Als ich ihr erzählte, dass ich dich kenne, fragte sie: ‚Hat er eine kleine kreisrunde Narbe hinten am Nacken?' Ich schüttelte den Kopf, denn ich hab dir ja damals die Haare gewaschen, und da hab ich gefühlt, dass du am Hals keine Narbe – "

Randolf schiebt ihre Hand unter seine Haare hinten am Nacken. „Inzwischen hab ich eine."

Beide starren sich an.

„Weiß diese Mara, wie sie mir helfen soll? Hat sie dir was erzählt?"

„Nein. Sie sagte, dieses Geheimnis darf nur der unbekannte Freund in der Wolfsfellhose wissen."

Randolf beißt sich auf die Lippen.

Wie verworren das alles ist! Was hat das Schicksal mit ihm vor? Fremde Leute träumen von ihm, und auch ihm ist damals im Traum dieses südländische Mädchen erschienen.

Hastig fragt er: „Wie sieht sie aus, deine Freundin Mara? Hat sie womöglich ein südländisches Gesicht, große dunkle Augen und einen Punkt auf der Stirn?"

Lilli nickt.

In Randolfs Kopf arbeitet es fieberhaft. „Das Mädchen in meinem Traum hat gesagt: ‚Die dritte Aufgabe ist die schwerste! Aber du wirst Hilfe haben.' Die *Armanda* kann noch nicht weit weg sein."

„Wie könnten wir Eisenfuß dazu bringen, dass er sie verfolgt?"

Unruhig gehen beide an der Reling hin und her. Kein Piratenkapitän würde ein Schiff jagen, das er schon mal ausgeplündert hat. Aber wenn ... Dann könnten Dok und Lilli und Randolf auf die *Armanda* fliehen, zu Mara und ihrem Geheimnis. Wenn, wenn! Vielleicht würde Eisenfuß doch ... Wenn auf dem Frachter etwas wäre, das er haben will.

„Lilli", fragt Randolf, „hast du Geld bei dir? Oder Schmuck?"

Lilli kramt einen kleinen Beutel hervor. „Eine Golddublone."

Randolf ist auf einen Piraten zugegangen, der mit schwerfälligen Bewegungen übers Deck wankt. „He, Zach!", ruft Randolf ihm zu, denn er hat den lispelnden Segelmacher erkannt. „Was geschieht eigentlich mit den ganzen Dublonen, die ihr erbeutet habt? Teilt

Eisenfuß die Beute immer gleich sofort mit euch, oder behält er erstmal alles für sich?"

Zach glotzt ihn verständnislos an. „Welche Dublonen?"

Lilli zeigt ihm die dicke, schwere Goldmünze.

„Wer bist du?", lispelt Zach überrumpelt. „Äh, wer seid Ihr? Und was ist das für ne Münze?" Er wischt sich übers Gesicht und schaut abwechselnd auf Lillis Gesicht und auf die Dublone in ihrer Hand.

Randolf erklärt: „Diese junge Dame, die wir in einer Futterkiste an Bord geschleppt haben, war auf dem Frachter ein blinder Passagier. Und solche Goldstücke liegen da haufenweise rum – sagt sie. Nicht wahr, Lilli?"

Sie nickt ernsthaft. „Vorne im Bug. Ganze Säcke voll! Die habt ihr doch sicher an Bord geholt!"

Zach lispelt: „Von Goldsäcken hat keiner was gesagt."

Auch Daddeldu ist neugierig dazugekommen. Jetzt, wo die Piraten satt sind, erwacht wieder ihre Gier nach Gold. Daddeldu schielt auf Lillis Dublone. „Allein von so einer einzigen Münze könnte man ne ganze Weile gut leben ..."

Lilli muss lachen. „Ihr seid mir komische Piraten, muss ich schon sagen! Schleppt das Pökelfleisch ab und die trockenen Bohnen, aber vergesst das Gold und die Dublonen."

„Weiß Eisenfuß das?", lispelt Zach.

Lilli schaut die beiden Trunkenbolde an. „Wollt ihr es ihm sagen, oder soll ich es selbst tun?"

13. Kapitel: Verstärkung

Eisenfuß ist aus der Kajüte herausgetreten.

„Käpten!" Daddeldu läuft zu ihm hin. „Tausend Dublonen hätten wir auf einen Schlag haben können ..."

„Ach ja? Was du nicht sagst."

„Auf der *Armanda*", sagt Daddeldu eifrig. „Ich meine nur – dein Silberschatz ist ja nicht so leicht zu kriegen, wer weiß, ob wir ihn finden – aber hier, das Ding mit den Dublonen – das ist eine todsichere Sache!"

„Soso. Todsicher, wie? Hm. Hast du dir ja gut ausgedacht, Daddeldu! Golddublonen sind nicht zu verachten. Aber dann müssten wir uns beeilen."

„Soll ich die Männer wecken?"

Eisenfuß nickt. „Mit unserer flinken *Kralle* können wir sie einholen. Wenn wir sofort mit voller Kraft lossegeln, können wir's schaffen. – Männer!", ruft er mit durchdringender Stimme, „wenn wir die Abkürzung nach Caracas nehmen, gibt's für jeden von euch einen ganzen Sack voll Dublonen!"

Die Piraten rappeln sich auf.

„Hoho – jetzt geht's los!"

„Alle Segel setzen!"

„Steuermann: scharf Südwest!"

Die *Kralle* rauscht mit geblähten Segeln durch die Nacht.

Randolf und Lilli haben Dok in seiner Hängematte geweckt.

„Wir mischen uns unter die Piraten, und auf dem Frachter verstecken wir uns im Laderaum bei Mara."

13. Kapitel: Verstärkung

Bis zum Morgengrauen arbeiten die Piraten unermüdlich. Kurz nachdem die Sonne aufgegangen ist, entdeckt der Ausguck das gesuchte Schiff. Immer kürzer wird der Abstand zwischen ihm und dem Piratenschiff.

Randolf, Dok und Lilli halten sich bereit.

Die *Armanda* versucht im letzten Augenblick, zur rettenden Küste hinzusteuern. Aber Eisenfuß lässt die *Kralle* zwischen Küste und *Armanda* segeln und drängt sie aufs offene Meer hinaus.

Den drei Freunden fährt der Schreck in die Glieder, als Eisenfuß ruft: „Fertig machen zum Entern! Als Erstes sucht ihr nach einem Wasserfass mit schwarzen Beschlägen! Bringt es rüber zu uns auf die *Kralle*! Und bewacht es mit drei Mann!"

Randolf flüstert: „Woher weiß er, dass wir zu Mara – "

Eisenfuß lacht hämisch. „Ha! Da staunst du, wie? Hähä! War ja wohl nichts mit Flucht! Der alte Eisenfuß ist eben immer einen Schritt weiter ..."

Wie betäubt sehen die drei Freunde den Vorbereitungen zum Entern zu. Hilflos starren sie auf das Wasserfass, das von mehreren Männern an Bord gehievt wird.

„Dürfen wir jetzt die Dublonen suchen?", fragt Daddeldu.

Eisenfuß grinst. „Suchen könnt ihr, so viel ihr wollt. Stellt meinetwegen den ganzen Kahn auf den Kopf!"

„Mir nach!", schreit Daddeldu. „Das Mädchen hat gesagt, die Säcke sind im Bug!"

Johlend stürmt die Rotte los.

Die drei Piraten, die das Fass bewachen sollen, schauen ihren Kameraden sehnsüchtig hinterher. Es sind Bänki, Zach und Morten.

Eisenfuß ist an das Fass herangetreten. Er gibt Randolf einen Wink: „Komm her, und deine Freunde auch. Seid ihr nicht neugierig?"

Unsicher gehorchen sie. Welche teuflische Gemeinheit hat der Käpten wohl nun schon wieder vor?

Eisenfuß lässt den Deckel vom Fass heben.

Im Fass richtet sich ein großes, schlankes Mädchen auf.

Sofort weiß Randolf: Dieses Gesicht habe ich im Traum gesehen.

„Willkommen!", sagt Eisenfuß mit dröhnender Herzlichkeit. Wie ein Schauspieler, der einen gutmütigen Onkel spielt, hat er sich verstellt. Er reicht Mara mit galanter Geste die Hand und hilft ihr, aus dem Fass zu steigen.

Mara schaut sich um und dreht dabei langsam ihren Kopf, als wolle sie erspüren, wie sich die Atmosphäre auf dem Schiff anfühlt.

Hinter ihr stehen Bänki, Zach und Morten, bereit, sofort auf Befehl des Käpten zu handeln.

Eisenfuß ist zwischen Lilli und Randolf getreten und hat beiden väterlich einen Arm um die Schultern gelegt. „Wie du siehst, bist du hier unter Freunden ...", er lächelt Mara an. „Die beiden haben sich Sorgen um dich gemacht, und wenn meine Freunde sich Sorgen machen, dann werde ich immer ganz betrübt. Ich hab

Rotte
ungeordnete Gruppe von Menschen

wohl ein zu gutes Herz. Also dachte ich, na, dann sollten wir Mara eben zu uns holen. Auch wenn's viel Arbeit war ... Aber was tut man nicht alles für seine Freunde!"

Er spricht auf Mara ein und blickt ihr in die Augen, als wollte er sie hypnotisieren. „Mein lieber Wolfspelz hier", er zeigt auf Randolf, „ist schon ganz neugierig, was du ihm erzählen möchtest – gerade gestern noch hat er zu mir gesagt: Wenn ich dieses Mädchen treffe, von dem ich geträumt habe, dann bist du der Erste, dem ich erzähle, was sie mir verraten hat. Du siehst, wir haben keine Geheimnisse voreinander, du kannst frei sprechen ..."

Verzweifelt versuchen Randolf und Lilli, ihr mit den Augen Zeichen zu machen: kein Wort zu Eisenfuß! Aber Mara schaut nicht zu ihnen hin, sie dreht den Kopf zu ihren drei Bewachern und scheint sich zu fragen, zu welchem Zweck diese groben Kerle hier wohl so unbeweglich stehen.

Plötzlich ein Rumpeln, ein Trampeln und Rufen: Die enttäuschten Piraten kommen schimpfend auf die *Kralle* zurück. Sie haben alles abgesucht und keinen einzigen Sack mit Dublonen gefunden.

Wütend befiehlt Eisenfuß sie an die Arbeit: „Wir müssen verschwinden, haben hier schon zu viel Zeit vergeudet – ich hab zu tun – Daddeldu, du übernimmst!"

Murrend, mit bösen Blicken gehorchen die Piraten. Sie beginnen, die *Kralle* mit den Enterhaken vom anderen Schiff wegzustoßen und Segel zu setzen.

„Nun aber", wendet Eisenfuß sich wieder in erzwungener Freundlichkeit an Mara. „Ich höre?"

Mara lächelt höflich, sie zuckt fragend die Schultern.

„Sie spricht nur Spanisch", klärt Lilli den Kapitän kurz auf. Eisenfuß schlägt mit der Faust auf eine Kiste, dass es kracht. Wie soll er etwas aus dem Mädchen herauskriegen, wenn sie kein Deutsch spricht? Eisenfuß kann kein Spanisch, und er ist nicht wie Lilli von vielen Privatlehrern unterrichtet worden.

„Sperrt diese Mara in die Kammer!", ruft er plötzlich wütend und springt auf. „Mit drei Mann bewachen – Tag und Nacht! Sorgt dafür, dass sie kein Wort mit diesen drei anderen reden kann!"

Wegsperren und bewachen, bis er einen Übersetzer gefunden hat, dem er vertrauen kann und der dabei ist, wenn sie mit Lilli spricht. Notfalls muss Usibepu ran – es heißt, der Medizinmann kann sogar Gedanken lesen.

Eisenfuß knirscht mit den Zähnen.

Mara wird in die Kammer abgeführt, wo auch Randolf ganz zu Anfang eingesperrt war.

„Bindet ihr den Mund zu!", brüllt Eisenfuß. „Mit einem Tuch! Nur zum Fressen und Saufen wird es abgenommen – zweimal am Tag!"

14. Kapitel: Das Seil

Nun ist es nicht mehr weit bis zu Usibepus Insel. Bei der raschen Fahrt knattern die Segel im Wind.

Für Randolf, Dok und Lilli ist die Lage an Bord unbehaglich geworden. Sie werden von allen Seiten argwöhnisch beobachtet. Kaum ein Pirat spricht mal ein Wort mit ihnen. Sie arbeiten und essen zwar mit den anderen, werden aber von allen gemieden. Dennoch fühlen sie sich immer wieder beobachtet. In einer Arbeitspause sitzen sie zu dritt vorn am Bug und überlegen, was sie tun können.

„Die arme Mara", sagt Lilli. „Ob Eisenfuß sie töten wird?"

Dok schüttelt den Kopf. „Die Piraten sind zwar eine wilde Mörderbande, aber eine Frau umzubringen, ist gegen ihre Ehre. Wenn er das täte, würden sich alle gegen ihn stellen. Darum wird er sie am Leben lassen."

Lilli schüttelt sich. „Es muss furchtbar sein – Tag und Nacht gefesselt und sogar den Mund zugebunden!"

„Wir müssen ihr ein Messer schicken." Randolf fährt prüfend mit dem Daumen über die Klinge seines Messers. „Sobald jemand die Tür öffnet, kann sie wieder so tun, als ob sie noch gefesselt ist ..."

„Mh – jaja ..." Dok zeichnet mit dem Finger ein Viereck auf die Planken. „Wir müssten irgendwie an den Wachen vorbei ..."

Die Kammer, in der Mara eingesperrt ist, liegt

unten im Zwischendeck. Sie hat zur See die Bordwand mit dem kleinen Luftloch als Außenwand, zwei Wände sind frei stehend und werden bewacht, die vierte Wand grenzt an einen Geräteraum, vor dessen Eingang ebenfalls ein Posten steht.

„Es kommt nur die Bordwand infrage", flüstert Randolf. „Ich könnte mich bei Nacht von oben abseilen und Mara durch das Luftloch mein Messer geben. Und – "

Er hält inne. Ein Gedanke. „Kann Mara schreiben?", fragt er Lilli. Und als diese nickt: „Ich könnte ihr einen Zettel und einen Stift durchreichen! Sie schreibt am nächsten Tag die Botschaft auf und – "

Dok wirft ein: „Es kommt aber nicht infrage, dass Randolf sich abseilt. Wenn er gefangen und getötet wird ..."

„Eisenfuß denkt, dass er mich noch braucht. Er wird mich nicht töten."

„Ja – solange er Maras Geheimnis noch nicht kennt. Wissen wir, was dieser Usibepu mit ihr anstellen wird, um sie zum Reden zu bringen? Vielleicht spricht er Spanisch. Spätestens in zwei oder drei Tagen kommt er an Bord. Du hältst dich lieber im Hintergrund. Wenn Eisenfuß erfahren hat, was er wissen will, und wenn er dann auf dich aufmerksam wird – dann kann keiner von uns mehr die dritte Aufgabe angehen, denn nur du hast die ersten beiden gelöst."

„Und Eisenfuß?", fragt Lilli.

Dok nickt. „Er auch. Jeder auf seine Weise. Darum können Randolf und er das silberne Segel sehen."

14. Kapitel: Das Seil

„Woher weißt du, dass Eisenfuß es sehen kann?", fragt Randolf verblüfft.

„Ich hörte, wie Daddeldu davon erzählte. Der Alte fängt an zu spinnen, hat er zu Zach gesagt. Der Käpten hätte ihn auf ein Licht aufmerksam gemacht, das gar nicht zu sehen gewesen sei."

„Wie Randolf!", sagt Lilli.

Tatsächlich kann er als Einziger von den dreien das helle Leuchten des silbernen Segels über dem Wasser erkennen. Selbst in der einsetzenden Dämmerung bleibt es für Lilli und Dok unsichtbar.

Dok setzt seine Überlegungen fort. „Auch Lilli wird noch unbedingt gebraucht", denkt er laut. „Als Übersetzerin. Nur ich komme also infrage."

Randolf und Lilli schweigen. Sie wissen, dass Dok recht hat, aber der Gedanke, den alten Mann an einem Seil die Bordwand hinabklettern zu lassen, ist ihnen höchst unbehaglich.

Dok lächelt. „Ich bin zäh und gut in Form. Wir müssen nur einen guten Augenblick abpassen. Einer stellt sich wie zufällig an die Reling, knotet heimlich das Seil fest und gibt mir Sichtschutz, wenn ich runterklettere."

„Und ich lenke inzwischen die Wachtposten ab!", verspricht Lilli.

„Aber noch ist der Medizinmann nicht an Bord", sagt Randolf. „Heute Abend bin ich noch sicher und kann also klettern."

Dok schüttelt den Kopf. „Beim zweiten Mal kommt's darauf an. Bis dahin möchte ich geübt sein."

„Also an die Arbeit", flüstert Randolf. „Ich suche ein Seil."

„Ich hole Schreibzeug."

„Und ich schreibe Mara auf, was sie tun soll", beschließt Lilli.

Als es dunkel geworden ist und die Piraten wieder betrunken und satt vor sich hindösen, schlendert Randolf gemächlich, eine Hand auf den Bauch gelegt, oben an der Reling entlang. Mit der Hand hält er das aufgerollte Seil fest, das er unter seinem Hemd versteckt hat. Es sieht aus, als reibe er sich nach dem Essen wohlig den Bauch und lehne sich ohne Absicht genau auf der Höhe ans Geländer, wo unten im Zwischendeck die Kammer mit Mara liegt.

Die Posten unten sind nicht beunruhigt. So viel höher liegt das Oberdeck über der Kammer, dass sie keinen Zusammenhang erkennen.

Dok hält sich in der Nähe versteckt, hinter eine Kiste gekauert. In seinem Gürtel steckt ein Kohlestift, umwickelt von einem Papierbogen mit Lillis spanischen Anweisungen an Mara.

Randolf lehnt, auf beide Ellenbogen gestützt, dicht an der Reling, beide Hände in Bauchhöhe. Verstohlen knotet er ein Ende des Seils fest und zieht das Seil Stück für Stück aus seinem Hemd, um es über die Reling hinabzulassen.

Plötzlich schrecken im Zwischendeck die Wachen vor der Kammer auf: „Aaah", stöhnt Lilli leise in ihrer

Nähe. Sie kommt gebeugt, beide Hände an den Bauch gepresst, mit verzerrtem Gesicht auf sie zu.

„Keinen Schritt weiter!", ruft einer der Posten. „Wehe, du kommst in die Nähe der Tür!"

„Ich suche den Dok", winselt Lilli. „Ich blute! Da fließt Blut aus meinem Bauch." Sie greift sich in den Schritt und zeigt ihre blutverschmierte Hand.

Die Posten weichen entsetzt zurück.

Ratlos schauen sie sich an.

Lilli jammert: „Dok muss mir helfen! Er ist nicht in seiner Koje, und ich weiß nicht, wen ich fragen soll – alle schlafen doch schon!"

Diese Sekunden der Ablenkung haben ausgereicht.

Dok ist oben lautlos zu Randolf gesprungen, hat das Seil gepackt und sich über die Reling geschwungen. Schon klettert er zum Luftloch an der Bordwand hinab.

„Du suchst Dok?", ruft Randolf von oben. „Den hab ich eben in der Kombüse gesehen." Randolf steht mit dem Rücken zur Reling, sodass er das Seil verdeckt, an dem Dok eben wieder hochgeklettert ist, nachdem er Schreibzeug und Messer überbracht hat.

„Danke", ächzt Lilli. Sie steht auf und verschwindet.

Dok kauert wieder versteckt hinter der Kiste. Randolf rollt unbemerkt das Seil unters Hemd und schlendert gemächlich davon.

14. Kapitel: Das Seil

Wenn alles klappt, wird Mara während des Tages die Botschaft schreiben. Abends kann Dok sie dann wieder abholen. Hoffentlich fällt Lilli noch einmal etwas ein, das die Wachen so wirkungsvoll ablenkt wie heute!

15. Kapitel: Der Tod

Am nächsten Morgen ankert die *Kralle* vor der kleinen Südseeinsel. Mit einem Ruderboot lässt Eisenfuß sich an Land bringen. Randolf und Lilli hat er mitgenommen, zur Vorsicht, damit sie nicht in seiner Abwesenheit mit Mara reden können. Seinen Piraten traut er nicht mehr.

Am Ufer werden sie von einer Gruppe Eingeborener fröhlich empfangen. Die Insulaner erkennen den Mann, der sie gerettet hat: Eisenfuß hatte im Suff einen reichen Sklavenhändler erschlagen und das Schiff versenkt, mit dem der Händler Menschen fangen und brutal entführen wollte. Natürlich hatte Eisenfuß das Schiff vorher plündern lassen.

Die Insulaner sind ihm immer noch dankbar. Ohne Eisenfuß wären sie von ihrer Insel verschleppt und bis an ihr Lebensende zu Zwangsarbeit verurteilt worden.

Der Käpten genießt den freudigen Empfang. Er lächelt in die Runde. „Usibepu", sagt er und macht mit der Hand ein Zeichen: Holt ihn her!

Freundlich nickend und lächelnd, machen sich mehrere Männer auf den Weg, um ihn zu suchen.

Die Piraten, die das Boot gerudert hatten, schwelgen in Erinnerungen.

Eisenfuß setzt sich in den Schatten einer Palme.

Damals, als Eisenfuß in Usibepus Hütte lebte, erkannte er die erstaunlichen Fähigkeiten dieses Medizinmannes, der vom ganzen Volk verehrt wurde. Usi-

15. Kapitel: Der Tod

bepu konnte gebrochene Knochen nicht nur richten, sondern in Windeseile wieder zusammenwachsen lassen. Eisenfuß hatte es selbst gesehen. Auch Dok war dabei gewesen, er hat Randolf davon erzählt.

Besonders verblüfft war Eisenfuß, als Usibepu ihm mehrmals genau das brachte, an das der Käpten gerade im Augenblick vorher gedacht hatte. Das geschah so häufig, dass Eisenfuß überzeugt ist: Dieser seltsame Zauberer kann tatsächlich Gedanken lesen!

Inmitten einer fröhlich rufenden Gruppe von Männern und Frauen kommt Usibepu heran. Er ist ein hochgewachsener, kerzengerade einherschreitender Mann, dessen Haut mit Mustern bemalt ist.

Er lächelt, als er zu Eisenfuß kommt.

Ihre Besprechung unter der Palme können Randolf und Lilli aus der Entfernung beobachten.

Beide reden mit Händen und Füßen, malen Zeichen in den Sand, Eisenfuß zeigt auf das Schiff.

Nach einer Weile geht Usibepu zu seinen Leuten. Er hält eine kurze Ansprache. Dann geht er davon und kommt nach kurzer Zeit mit einer Trommel zurück.

Würdig und gemessen geht er mit Eisenfuß zum Ruderboot.

„Los geht's – alle Mann an die Riemen!"

Mit den Piraten steigen auch Lilli und Randolf ein und helfen beim Zurückrudern. Eisenfuß lässt die beiden nicht aus den Augen, als das Boot die *Kralle* erreicht hat und alle mit der Strickleiter an Bord geklettert sind.

Riemen
hier: Ruder

15. Kapitel: Der Tod

Es ist Abend geworden. Der Anker wird eingeholt, die *Kralle* legt ab.

Als Gastlager für Usibepu lässt Eisenfuß einen Ehrenplatz in seiner Kajüte herrichten. Eingeteilt für die Arbeit sind Lilli, Randolf und Daddeldu. Doch Randolf kann seine Neugierde nicht bezwingen. Er stiehlt sich an Deck und versteckt sich zwischen den Kisten. Den Medizinmann lässt er nicht aus den Augen. Was mag Eisenfuß mit ihm vorhaben? Auch den Dok will Eisenfuß aus dem Weg haben.

„Du hast seit Tagen kein Netz mehr geflickt! An die Arbeit!"

Dok zuckt mit den Schultern und geht zornig zum Haufen der Netze. „Wir haben so viele Vorräte an Bord, dass wir wochenlang kein Fischnetz brauchen werden!" Er zerrt ein Netz hervor und sieht das Seil, das Randolf darunter versteckt hatte. Nachdenklich nimmt Dok das Seil in die Hand und schaut hinunter aufs Zwischendeck, wo der Käpten wild gestikulierend mit dem Medizinmann spricht.

Eisenfuß fuchtelt mit den Armen, er zeigt auf Usibepu, auf die Kammer und auf sich selbst. „Hinter der Tür! Verstehst du? Dahinter!" Er legt sein Ohr an die Tür, die Ohrmuschel durch seine gekrümmte Hand vergrößert. „Hören! Mädchen – in den Kopf!" Er zeigt auf Usibepu, legt wieder seine Hand ans Ohr, er zeigt auf seinen Kopf und wieder auf die Kammer –

Usibepu lächelt.

Er sitzt auf dem Boden vor der Kammer, beugt sich

über seine Trommel, schließt die Augen und beginnt, einen langsamen, monotonen Rhythmus zu schlagen.
Spüren, was der andere denkt. Fühlen, was der andere fühlt.

Dschuumba – itscha – Dschuumba, geht langsam die Trommel.

Usibepu lässt sich vom Atem durchströmen. Aufrecht sitzend, den Kopf mit geschlossenen Augen in Richtung Sternenhimmel gehoben. Dann konzentriert er sich auf das Mädchen hinter der Tür. Er atmet tief und wohlig, auf seinen Lippen spielt ein breites, entspanntes Lächeln.

Er trommelt.

Neben ihm sitzt ungeduldig Eisenfuß. Randolf wartet mit angehaltenem Atem.

Das Piratenschiff gleitet in gemächlichem Tempo über das nächtliche Meer, in Richtung des hellen silbernen Lichts, das nur der Kapitän und Randolf erkennen können.

Plötzlich sieht Randolf aus den Augenwinkeln eine Bewegung. Dok! Was schleicht er denn mit dem Seil an der Reling umher? Er will doch nicht ... aber doch nicht jetzt!

Dschuumba – itscha – Dschuumba, geht langsam die Trommel.

Schon hat Dok das Seil festgeknotet, steigt über das Geländer, greift nach dem Seil –

„Käpten!", ruft Daddeldu, der gerade aus der Kajüte gekommen ist. Er zeigt auf Dok an der Reling mit dem Seil in der Hand.

Eisenfuß ist aufgesprungen. Wütend, dass Usibepu bei seinem Zauber gestört wird.

Außer sich vor Zorn zieht Eisenfuß den Hahn an der Pistole zurück, schüttet hastig Pulver auf die Zündpfanne, stößt Verwünschungen und Flüche aus.

Dann schießt er – ein scharfer Knall.

Dok ist plötzlich verschwunden.

Wie ein Echo auf den Schuss ertönt ein Aufklatschen hinter dem Schiff.

„So geht's jedem, der mich stört – ist das klar?", brüllt Eisenfuß die Mannschaft an.

Zitternd nicken die Piraten.

Lose baumelt der Strick an der Reling.

16. Kapitel: Lautlose Stimmen aus dem Totenreich

Stumm vor Entsetzen stehen Lilli und Randolf am Heck. Sie starren aufs Meer, auf einen unbestimmten Punkt im dunklen Wasser, der immer weiter und weiter hinter ihnen verschwindet.

Usibepu hat wieder zu trommeln begonnen, hier hinten am Heck klingen die monotonen Schläge leise und verweht.

Randolf wischt sich die Tränen aus den Augen, aber es kommen immer wieder neue.

Dok! Sie werden ihn nie wiedersehen.

Seinen Freund! Warum nur?

Warum ist das Leben so grausam? Welcher Gott nimmt ihm immer wieder das Liebste, das er auf Erden hat? Erst seine Eltern und Katharina, jetzt seinen einzigen Freund ...

Eisenfuß! Der feige Mörder!

In ohnmächtiger Wut stampft Randolf übers Deck. Plötzlich hält er inne. Seine Augen glitzern.

Ein Gedanke.

Ja, damit könnte er ihn wirklich treffen!

Randolf holt eilig eine Zange und lockert mit aller Kraft die Verschraubung einer Kanone.

„Was tust du da?", fragt Lilli erschrocken.

„Ich räche Doks Tod!", zischt Randolf verbissen.

Die Schrauben lösen sich.

Er stemmt sich gegen die Kanone, gibt ihr einen Stoß – sie kippt über Bord und fällt klatschend ins Meer.

Randolf schickt ihr einen grimmigen Blick hinterher. „Das war die Erste!"

Lilli stemmt die Arme in die Hüften. „Wem würde es nützen, wenn wir hier gleich bei den Kanonen erwischt werden?"

Randolf schaut sie an, als wenn er aus einer Betäubung erwacht. Lilli hat ja recht! Dok hilft es überhaupt nicht, wenn er die Kanonen über Bord wirft – es wäre einfach sein eigenes Todesurteil. Eisenfuß würde ihn töten, und Lilli wäre allein.

Langsam lösen sich die blinden Rachegedanken auf.

Lilli führt Randolf behutsam weg von den Kanonen und zurück zum Heck. Schweigend schickt er dem Freund einen letzten Gruß übers Meer.

„Es darf nicht sein, dass er umsonst gestorben ist", flüstert Lilli.

„Natürlich war sein Tod umsonst! Eisenfuß hat ihn kaltblütig –"

„Es muss einen Grund haben, dass du dieses silberne Segel retten sollst. Dok hat das gespürt – dafür gab er sein Leben."

Randolf schweigt. Verbissen schaut er nach hinten in die Dunkelheit. Das helle, große Licht, dem das Schiff sich nähert, will er nicht sehen – er kehrt ihm den Rücken zu. Auch die innere Stimme möchte er am liebsten zum Schweigen bringen, die von einem Leben ohne Angst erzählt, von Freiheit, von Freude und innerem Frieden. Er weiß: Wenn er weiterkämpft, tut er das auch für Dok. Nur dann wird sein Tod nicht umsonst gewesen sein.

Aber er fühlt sich so müde. Wie zerschlagen. Er sieht wieder und wieder die hellen, klaren, zwinkernden Augen des Freundes, mit den Fältchen drumherum wie kleine Sonnen. „Lass mich einfach noch eine Weile allein", bittet er.

Lilli nickt.

Randolf lehnt sich auf die Reling, den Kopf in die Hände gestützt, und schließt die Augen.

Dschuumba – itscha – Dschuumba, geht langsam die Trommel. Randolf hört sie verweht, wie hinter einem Nebelschleier. Alles in seinem Kopf und in ihm drin ist wie ein grauer, dicker, feuchter Nebel.

Er schaut auf das endlos weite, dunkle Meer unter dem Sternenhimmel. Durch die Tränen verschwimmt alles. Sternenlicht und Wasser mischen sich und wechseln sich ab mit Bildern, die aus Randolfs Erinnerung emportauchen. Randolfs Geist schaukelt und schwebt über dem dunklen Wasser.

„Wut und Traurigkeit gibt es nun einmal im Leben", hört er plötzlich Doks Stimme aus dem Totenreich, „sie gehören dazu."

Randolf denkt nicht darüber nach, wieso er Dok hören kann. Doks Stimme spricht aus Usibepus Trommel. Die Trommelschläge sind keine Geräusche mehr, sie haben sich in Farben verwandelt.

„Wir müssen damit leben", sagt Dok, „und das ist weder gut noch schlecht – es ist einfach so. Zulassen, wenn diese Gefühle dran sind."

Plötzlich rauscht Randolf auf den Trommelklängen durch Zeit und Raum in die Welt der Eingeborenen, wie er sie auf Usibepus Insel gesehen hat. Es gibt keine Grenzen mehr, Randolfs Geist ist an mehreren Orten gleichzeitig. Unbeschwert und fröhlich ist das Leben auf der sonnigen Insel.

Nein, er ist gar nicht auf der Insel, sondern – auch darüber wundert er sich nicht – er sieht und fühlt, was Eisenfuß gerade denkt. Durch das Trommeln hat Eisenfuß sich daran erinnert, wie er mit seinen Piraten damals monatelang auf der Insel gelebt hatte. Randolf ist in diese Erinnerung getaucht.

Der Käpten sitzt wie gebannt neben Usibepu. Dass eine seiner Kanonen fehlt, weiß er noch nicht. Keiner wagt ihn zu stören.

Randolfs Geist schwebt weiter, Dok führt ihn auf den bunten Trommelpfaden in den Kopf von Usibepu.

Trommelnd, mit geschlossenen Augen, hat Usibepu sich in eine Trance hineingesteigert. Was Maras Mutter aus dem Totenreich erzählt, versteht er so deutlich, als würde sie seine Sprache sprechen.

Trance dem Schlaf ähnelnder Zustand

Randolf taucht in die Bilder ein: Die Frau war noch sehr jung und trug ein Kind in ihrem Bauch, als ihr Land von spanischen Besatzern verwüstet wurde. Ihren Mann, den Vater des Mädchens, verlor sie aus den Augen; man brachte sie gewaltsam auf ein Schiff. Ihr Kind Mara bekam sie in Spanien. Damals war sie noch keine Hellseherin.

16. Kapitel: Lautlose Stimmen aus dem Totenreich

Immer öfter hörte sie Stimmen. Die Stimmen ihrer Vorfahren. Die Stimme eines großen Geistes, die auch Usibepu schon gehört hat.

Sie hört mehrmals eine alte Prophezeiung.

Die tote Frau sagt: „Ich habe eurem Kapitän die ganze Prophezeiung sogar in seiner eigenen Sprache aufgesagt, er hat alles gehört. Aber er war überzeugt, ich würde ihm etwas verheimlichen. Der Kapitän wollte einfach nicht glauben, dass dies schon die ganze Prophezeiung sein sollte. Er hat nicht richtig zugehört – es ist alles darin verborgen, was zu wissen notwendig ist!"

„Sag mir die Prophezeiung!", will Randolf rufen. Aber die Frau bemerkt ihn nicht.

Auch Usibepu bemerkt ihn nicht. Er trommelt. Hinter seinen geschlossenen Augen sieht er, wie Eisenfuß die Frau schließlich getötet hat.

Ihre letzten Worte waren: „Ihr Menschen habt die freie Wahl. Träume aus Licht oder ewige Finsternis. Und Angst. Die goldene Brücke oder die aus Eisen. Es ist eure ganz eigene, freie Entscheidung. Und ihr tragt die Folgen – so oder so."

Das Bild verschwindet, und nun sind wieder Maras Gedanken hinter der Tür deutlich zu erkennen. Usibepu staunt, was für unerfreuliche Erinnerungen das Mädchen aus seinem eigenen Leben mit sich herumträgt: Bilder vom Krieg der weißen Männer. Zerstörte Häuser. Bilder von ängstlichen, schreienden Menschen. Wunden und Blut. Bilder von kämpfenden, grausamen Menschen.

Kaum eine Erinnerung an Fröhlichkeit. Kennen die Weißen gar kein Leben, wie wir es führen – voller Lebensfreude und Zufriedenheit? So viele der Weißen haben ihre Eltern verloren ...

Ob die Menschheit überhaupt noch auf die Idee kommt, sich für ein Leben im Licht zu entscheiden?

Das Mädchen hinter der Tür soll einem Jungen in einer pelzigen Hose helfen, sieht Usibepu.

So einen Jungen hat er doch an Bord dieses Schiffes gesehen!

Sie hat die Prophezeiung für den Jungen auf ein Blatt Papier geschrieben. Er hat es noch nicht abgeholt.

Randolf hält den Atem an.

Usibepu fühlt, dass er nicht Partei ergreifen darf. Seinen Auftrag hat er vom Kapitän bekommen, von seinem Lebensretter. Vielleicht ist es sogar notwendig, dass sich die Menschen gegenseitig zerstören – wenn sie es wollen. Sie dürfen sich ja frei entscheiden.

Usibepu wird dem Käpten also genau das mitteilen, was er gehört hat. Aber der Junge in der Pelzhose soll es auch wissen. Dazu muss ihm das Mädchen hinter der Tür den Zettel geben. Das kann sie nur, wenn sie nicht in der Kammer bleibt.

Usibepu bricht sein Trommeln ab und öffnet die Augen.

Mit einem Schlag steht Randolf wieder an der Reling. Die Traumreise ist vorbei.

„Fertig?", ruft Eisenfuß ungeduldig. Er hat sich von Daddeldu eine Flasche Rum bringen lassen und schenkt einen Becher voll.

Usibepu lächelt. Durch nichts verrät er, was er denkt.

Unbeobachtet nähert sich Randolf und schaut zu, was weiter geschieht.

Usibepu scheint den Käpten zu hypnotisieren. Wie unter einem Bann, als sei es nicht seine eigene Idee, gibt Eisenfuß den Wachen ein Zeichen: „Holt die Kleine raus!"

Ein Riegel wird hochgeschoben, ein Schlüssel dreht sich im Schloss.

Usibepu führt Mara an der Hand aus ihrem Gefängnis.

Er löst ihr das Tuch vom Mund und tut so, als ob er mit seinem Messer die Handfesseln zerschneidet. Natürlich sieht er, dass sie längst zerschnitten sind und Mara sich das Seil nur um ihre Hände gewunden hat, so, als seien sie noch gefesselt.

Mara und Usibepu schauen sich an.

Beide wenden die Köpfe zu Eisenfuß.

Im Chor sprechen sie auf Deutsch:

„Ist einer mutig genug, glaubt einer an den Traum,
macht sich einer auf den Weg.
Die Herzen der Menschen, dunkel vor Angst,
ersehnen den Schimmer des silbernen Segels."

Eisenfuß hört mit wachsendem Grauen zu. Dies ist wortwörtlich dieselbe Prophezeiung, die ihm damals die Wahrsagerin verkündete, bevor sie starb. Ist ihr Geist hier erschienen?

„Aufhören!", will er schreien.

Ist dies eine Anklage? Wissen das Mädchen und der Medizinmann, dass er die Frau getötet hat? Aber blitzartig wird ihm klar, dass in diesen Worten ein Schlüssel verborgen sein muss, den er übersehen hat, und er hört zu, wie die Prophezeiung weitergeht:

„Ist einer mutig genug, glaubt einer an den Traum,
macht sich einer auf den Weg.
Die Herzen der Menschen, dunkel vor Angst,
ersehnen den Schimmer des silbernen Segels.
Eines Tages kommt die Zeit. Einer stellt sich den Gefahren, vertraut dem Licht die Herrschaft an.
Hat er befolgt die zweite Regel, zeigt sich weit weg das Silbersegel.
Und dann von Nahem, ganz dicht dran, packt er die dritte Regel an.
Wird er zerstören, wählt er die Gier? Die Eisenbrücke wär bereit.
Will er es reiten, als Passagier? Dann endete die dunkle Zeit.
Nur muss er sein Verlangen zügeln und darf kein Hass im Herzen sein,
sonst bleibt der Wächter stets ein Feind.
Was du dir selber wünschst, das gib dem gepanzerten Polyp.
Die Brücke zum Segel, nur scheinbar aus Eisen,
wird sich als golden dann erweisen."

<small>Polyp hier: Krake</small>

Eisenfuß stürzt gierig einen Schluck Rum herunter.

Zum Teufel, was soll das heißen?

Ein gepanzerter Polyp! Eiserne und goldene Brücken!

Er stampft krachend über das Deck, die Flasche in der Hand.

Im nächsten Augenblick hat er Mara und Usibepu und alles andere vergessen. Starr vor Schreck, steht er vor der leeren Schießscharte. Eine Kanone fehlt! Er brüllt auf wie ein verwundetes Tier. Eine seiner gehegten, über alles geliebten Kanonen! Sein kostbarster Besitz!

Ist das ein Zeichen? Erst der Geist dieser Wahrsagerin, der Tod – und jetzt die fehlende Kanone ...

Er starrt auf das große, helle Licht.

17. Kapitel: Der Ofen glüht

In dem Ruderboot, das hinten am Heck zwischen Seilen hängt und hoch über dem Wasser schaukelt wie eine Wiege, liegen Lilli und Mara unter der Abdeckplane und schlafen.

Randolf ist wach geblieben. Er hält Ausschau, ob Gefahr droht.

Seine Lage war noch nie so gefährlich. Beim geringsten Anlass wird Eisenfuß ihn töten. Jetzt, wo er alles weiß, gibt es für ihn keinen Grund mehr, mich am Leben zu lassen. Und Lilli? Und Mara? Es sei gegen die „Piratenehre", einer Frau oder einem Mädchen Leid anzutun, hatte Dok gesagt. Aber kann man da bei Eisenfuß so sicher sein?

Nur solange sie sich ruhig verhalten und nicht unnötig seine Aufmerksamkeit auf sich lenken, haben sie die Chance, dass er gar nicht an sie denkt. Hoffentlich ist er mit seinen eigenen Sorgen genug beschäftigt.

Auch Usibepu schläft, im Sitzen, an die Reling gelehnt.

Die Nacht über ist alles ruhig geblieben. Wie jeden Abend hatten die Piraten nur noch ans Fressen und Saufen gedacht.

Ein neuer Tag. Hinter dem Schiff, in der Richtung, wo Dok verschwunden war, ist gerade die Sonne aufgegangen.

Vorne am Bug sitzt immer noch Eisenfuß und blinzelt in das Licht des silbernen Segels. Auch er ist die ganze Nacht wach geblieben.

17. Kapitel: Der Ofen glüht

Eisenfuß, die Sonne im Rücken, sieht vor dem Bug eine Bewegung auf dem Wasser. Dort schwimmt etwas, zwischen der *Kralle* und dem silbernen Segel.

Er kneift die Augen zusammen und beschirmt sie mit der Hand, so stark blendet inzwischen das weiße Licht.

Beim Herankommen kann Eisenfuß Einzelheiten unterscheiden: Der große Kopf einer riesigen Krake. Die mächtigen, gespreizten Krakenarme breiten sich weit nach allen Seiten im Wasser aus. Der Polyp ist gepanzert mit vielen kleinen rötlichen Schuppen, die aussehen wie rostige Eisenplatten.

Das muss der Wächter sein. Der Beschützer des silbernen Segels.

Ist das ein lebendiges Wesen? Oder ein mechanischer Apparat?

Eisenfuß trinkt einen kräftigen Schluck Rum aus der Flasche.

Wie war das noch? Der Held soll sofort Mut zeigen. Nicht zaudern. Als Zugabe gibt's dann sogar noch eine Brücke aus Gold zu erbeuten!

Wie dick mag der Eisenpanzer sein? Ob meine Kanonenkugeln ihn durchschlagen können?

Die mächtigen Fangarme pflügen kraftvoll durch das Wasser. Ein Schlag damit, und die *Kralle* würde sinken.

Eisenfuß hält inne.

„Was du dir selber wünschst,
das gib dem gepanzerten Polyp ..."

17. Kapitel: Der Ofen glüht

Hm. Vielleicht ist es falsch, das Ding zu beschießen. Womöglich wird es nur wütend, taucht unters Schiff und bringt uns zum Kentern.

Eine neue Kanone – das wünsche ich mir!

Auge in Auge steht er dem gepanzerten Polyp gegenüber.

Nach dem ersten Schreck über das Auftauchen des Ungeheuers haben sich die Piraten noch nicht wieder gefasst. Verängstigt drängen sie sich aneinander.

„Daddeldu!", brüllt Eisenfuß plötzlich. „Reiß in meiner Kapitänskajüte das Ofenrohr von der Wand! Na, wird's bald?"

„Das Ofenrohr?" Verwirrt wieselt Daddeldu herbei. „Rausreißen? Aus der Kajüte? Aus der Wand?"

„Jawohl! Und bring es mir sofort!"

„Aye, aye, Käpten!" Daddeldu sputet sich, um den Befehl auszuführen.

Zach lispelt leise: „Ist Eisenfuß noch bei Trost?"

Eisenfuß hat die letzten Worte gehört. Plötzlich ganz kalt und nüchtern, zischt er bösartig: „Es kommt euch wohl gar nicht in den Sinn, dass euer Käpten weiter denkt, als ihr euch das in euren Quallenhirnen vorstellen könnt?"

Er nimmt das Ofenrohr, das Daddeldu gebracht hat. „Stellt euch vor, dieses Rohr, mit einer dicken Eisenschicht drum herum, ein Mantel aus geschmolzenem Eisen ... Ich werde dem gepanzerten Polypen das schenken, was ich selbst am allerliebsten hätte – eine Kanone!"

17. Kapitel: Der Ofen glüht

Unsicher starren die Männer ihn an. „Eine Kanone?"

Eisenfuß ruft dem Schmied zu: „Morten! Heiz den Ofen an!" Er trinkt einen tiefen Zug Rum. „Rückt alles raus, was ihr an Eisen findet! Dein Schlüsselbund! Und deine Gürtelschnalle! Alles was schmilzt, brauchen wir für unsere Kanone!"

Die Piraten setzen sich in Bewegung.

Im Arbeitseifer und Getümmel ist es nicht aufgefallen, dass Randolf verstohlen zu den schlafenden Mädchen ins Ruderboot geklettert ist. Über den Rand, durch einen Spalt in der Abdeckplane, beobachtet er von Weitem den gepanzerten Polypen. Das Ding sieht wirklich zum Fürchten aus! Ein Ungeheuer. Wie groß mag es sein? Größer als das Piratenschiff? Bestimmt. Die Krakenarme sind so dick wie der Hauptmast der *Kralle*. Was kann er tun? Eisenfuß handelt schon. Er selbst hat ihm das ermöglicht! Nur weil er eine Kanone versenkt hat, wünscht er sich eine neue – und weiß darum, was er dem gepanzerten Polypen schenken kann. Und Randolf? Was wünscht er sich? In dumpfes Brüten versunken, schaut er dem Treiben der Piraten zu.

Da werden Lilli und Mara wach.

Flüsternd tuschelt Randolf mit ihnen und zeigt auf das riesenhafte Ungetüm im Wasser.

„Oh, Gott!" Lilli, die Augen weit aufgerissen, schlägt sich vor Schreck auf den offenen Mund.

Mara ist nicht so überrascht; sie kennt das Bild dieses rostigen Wesens schon aus einem Traum.

Usibepu sitzt schweigend in der Ecke.

17. Kapitel: Der Ofen glüht

Lilli und Randolf lesen noch einmal flüsternd die Prophezeiung auf dem Zettel.

*„Die Brücke zum Segel, nur scheinbar aus Eisen,
wird sich als golden dann erweisen ..."*

Unter die letzten Zeilen schreibt Randolf die Worte „Gleich Mut". Er zieht sein Amulett unter dem Hemd hervor und zeigt es Lilli: „Bei mir steht Gleich, bei Eisenfuß steht Mut. Das ist die dritte Aufgabe."

Und Eisenfuß ist dabei, sie zu erfüllen, setzt er im Geiste hinzu. Er handelt, während ich hier zaudere und grüble.

Lilli lässt nachdenklich ihren Zeigefinger über die geprägten Metallbuchstaben auf Randolfs Amulett fahren.

*Folge dem
Wer lernt
über Leben
GLEICH*

„Ist das letzte Wort bei Eisenfuß eigentlich auch in Großbuchstaben geschrieben?", fragt sie leise.

Randolf tippt sich an die Stirn. „Natürlich!" raunt er. „Sogar mit Ausrufungszeichen! Das ist es!" Und er schreibt, in großen Buchstaben, wie es auf den Amuletts geschrieben steht: GLEICHMUT!

Und plötzlich weiß er auch, was mit den rätselhaften Zeilen gemeint ist:

17. Kapitel: Der Ofen glüht

*„Nur muss er sein Verlangen zügeln,
und darf kein Hass im Herzen sein ..."*

Gleichmut, natürlich.

Wenn er dem Wächter gegenübertritt, darf er keine Angst haben, dass er das silberne Segel womöglich nicht erreicht. Sich nicht von einem übermächtigen Verlangen beherrschen lassen! Und von keinem unversöhnlichen Hass.

Das ist der Schlüssel.

„Aber wie bekommt man Gleichmut? Was ist der Trick?"

Lilli zuckt ratlos mit den Schultern.

Seit Jahrtausenden ist das silberne Segel bereit. Aber bisher haben es die Menschen nicht geschafft, dem Licht zu vertrauen. Sie haben sich immer wieder für Gier entschieden, für Hass und Kampf und Krieg.

Dem Wächter des silbernen Segels ist es gleichgültig, wer die drei Aufgaben löst. Wer immer es sei, mit welchen Absichten auch immer – der Wächter wird denjenigen über die Brücke lassen, der die Bedingungen erfüllt hat.

Gold zur Rettung, Eisen zur Vernichtung. So wurde es vor undenklichen Zeiten bestimmt. Die Menschen haben die freie Wahl. Der Wächter des silbernen Segels ist nur ein Instrument ohne eigenen Willen.

Morten, der Schmied, wirft sein Werkzeug aus der Hand. „So! Mehr war nicht drin, Käpten – mit diesem

Material und ohne richtige Gussform!" Geringschätzig mustert er die krumpelige Kanone, die noch vor Hitze dampft. „Ist'n richtiges Schätzchen geworden!"

Eisenfuß tritt heran. Das dicke Eisenrohr, einer Kanone entfernt ähnlich, sieht wahrlich nicht so aus, als könne man damit gut schießen oder gar treffen. Aber das rostige Monster kann ja unter Wasser ohnehin kein Schießpulver zünden.

Es geht nur darum, dass diese Kreatur mir glaubt und vertraut. Ich wünsche mir nun mal eine Kanone, und nichts anderes werde ich ihr schenken.

Randolf überlegt fieberhaft: „Was könnte ich dem Wächter bloß geben? Ich habe doch nichts."

„Was würdest du selbst dir denn am meisten wünschen?", fragt Lilli.

„Dass Dok noch lebt", murmelt er. „Aber wie sollte ich das diesem Wächter schenken können?"

Da ruft Eisenfuß: „Du siehst, Polyp, ich hab gleich den Mut gehabt, die Kanone für dich bauen zu lassen." Er ist berauscht von seiner Gewissheit, das Ziel zu erreichen. „Und ich hab dafür Opfer gebracht! Alles, was wir noch an Eisen hatten – sogar mein Werkzeug und Besteck ..."

„Verflixt", ruft Lilli plötzlich. „Wir müssen uns was einfallen lassen! Und zwar schnell!" Sie hat die Plane ein Stück zurückgeklappt und zeigt erschreckt über den Bootsrand.

18. Kapitel: Das silberne Segel

Eisenfuß sitzt neben der heißen Kanone auf einer Taurolle und starrt wie gebannt aufs Wasser. Der gepanzerte Polyp bewegt sich. Er schiebt eine Hälfte seiner Krakenarme so zusammen, dass sie ausgestreckt dicht nebeneinander im Wasser liegen – wie die Balken eines Floßes. Ein Floß, das sich nach vorne streckt, in Richtung der *Kralle*. Die hintere Hälfte der Krakenarme, ebenso gestreckt und gebündelt, dehnt er als Verlängerung nach hinten in Richtung des silbernen Segels. Der Polyp bildet eine rostrote, lang gestreckte, dunkle Fläche auf dem Wasser.

Eine schwimmende Brücke aus Eisen.

Gleich ist es soweit! Wie siegessicher der Käpten ist ... Randolf fühlt, dass in seinem Hals ein Kloß wächst. Eisenfuß wird als Erster über die Brücke zum silbernen Segel gelangen und es zerstören. Und er? Was soll er nur tun? Ist nun doch alles vergeblich gewesen?

Wütend wischt er sich über die Augen.

Wie kann eine Macht es bloß zulassen, dass immer wieder die Bösen siegen? Im Krieg schlachten blutgierige Soldaten hilflose Familien ab. Randolf wurde in eine kalte Welt geworfen und musste ums Überleben kämpfen.

„Du hast alles richtig gemacht. Warum zauderst du wieder?", übersetzt Lilli einen Satz, den Mara plötzlich auf Spanisch gesagt hat.

Kann Mara seine Gedanken lesen?, fragt Randolf sich überrascht.

„Ja!" Lilli übersetzt Maras Antwort. „Es geht nicht um Gut und Böse, es geht nicht um Strafe und Schuld. Dir hat sich eine Schwierigkeit in den Weg gestellt. Das heißt nicht, dass du bestraft wirst, weil du etwas falsch gemacht hast. Und es heißt auch nicht, dass Eisenfuß schon gewonnen hat."

„Aber – wenn er nun das silberne Segel zerstört?"

„Je mehr Angst du davor hast, desto sicherer wird sie dich lähmen. Sei wach! Wie entschlossen sind wir? Zum einen oder anderen Ziel?"

Entschlossenheit?, denkt Randolf. Also nicht nur Gleichmut, sondern auch: gleich Mut? Er spürt, wie Usibepus Augen auf ihm ruhen und lächelnd auf den Grund seiner Seele blicken.

Randolf fühlt sich verstanden und gleichzeitig durchschaut. Warum macht er sich immer wieder Sorgen, fühlt sich immer wieder klein und schwach? Bislang hat er doch alles geschafft!

Dieser Usibepu strahlt etwas aus, das ansteckend ist. Eine fröhliche Kraft, die Dok gefehlt hat. Dok hatte sich klaglos mit seinem Schicksal abgefunden. Dieser Mann aber vertraut darauf, dass ihm in seinem ganzen Leben überhaupt nichts Schlimmes passieren kann.

Vertrauen! Das ist es!

Und plötzlich ist das Gefühl aus dem Traum wieder da, als Randolf sich von dem hellen Licht durchströmt und geborgen fühlte.

Jetzt geht es um Vertrauen.

18. Kapitel: Das silberne Segel

Kann man das lernen, von einem Moment zum anderen?

Die *Kralle* schaukelt. Beim Ausstrecken hat der gepanzerte Polyp das Wasser in Wallung gebracht. Eine Welle erfasst das Schiff, die *Kralle* hebt sich – die Kanone beginnt zu rollen! Gerade noch rechtzeitig hält sie der ausgestreckte eiserne Fuß des Käptens fest. Beinahe wäre sie über Bord gegangen!

Eisenfuß spürt, wie sein Blut in den Adern pocht. Das Biest hat ihn verstanden, jubelt er innerlich. Für ihn breitet es seine Arme aus! Für ihn! Wenn sie die eiserne Brücke vorsichtig über das Wasser schieben, bis sie mit der anderen Seite das Silber berührt – dann kann er bequem rübergehen und sich die Beute holen!

„Leute, heizt den Ofen weiter!", ruft Eisenfuß. „Gleich gibt's Silber – mehr als ihr tragen könnt! – Backbord! Mehr Backbord!", brüllt er dem Steuermann zu und starrt auf die schwimmende Brücke. „Vorsichtig! Nicht so hastig!"

Ein Stückchen noch, dann berühren sie den Polypen, und sie können die Kanone zu ihm runterlassen. Dann hat er alle drei Aufgaben erfüllt, und nichts kann ihn mehr aufhalten!

Randolf ist aufs Deck getreten. Wach sein! Beobachten, was geschieht! Alles überblicken! Vielleicht ergibt sich eine Gelegenheit, einzugreifen. Er fühlt, dass es falsch wäre, sich weiter im Boot zu verstecken und Eisenfuß den Sieg kampflos zu überlassen.

Backbord linke Schiffsseite

18. Kapitel: Das silberne Segel

Über dem Meer wird es dunkel.

Da! Ein Stoß bebt durch die Planken. „Wir berühren die eiserne Brücke!", ruft Daddeldu.

Planken hier: Bodenbretter des Schiffsdecks

Eisenfuß will aufspringen, aber etwas reißt ihn zurück, und er stolpert. Verflucht, was ist los? Sein Fuß, den er wuchtig ins weiche Eisen gedrückt hatte, ist an der erkalteten Kanone festgeschweißt. Bevor der Käpten stürzt, klammert er sich an Bänki fest, der ihm am nächsten steht.

„Das verdammte Ding klebt mir am Fuß."

Bänki betrachtet die Sache mit dem fachmännischen Blick eines Schmieds: „Sauber verschweißt. War wohl doch noch höllisch heiß."

Eisenfuß brüllt: „Bringt mir eine Eisensäge, verdammt noch mal, ich muss das Ding vom Fuß loskriegen!"

Zach lispelt: „Du selbst hast die Eisensäge ins Feuer geschmissen!"

Eisenfuß starrt auf die Kanone am Fuß. Sie ist so schwer, dass er sie nur mit äußerster Kraft ein Stück hinter sich herschleifen kann. Er knirscht mit den Zähnen. Das Blut schießt ihm ins Gesicht. Er muss ja aussehen wie ein Tölpel! Die Kanone ans Bein geschweißt wie ein fetter Klumpfuß! Er kann nur kriechen wie eine Schnecke – sie verlieren den Respekt vor ihm!

Ein Grauen durchfährt ihn. „Glotzt nicht so dumm rum! Helft mir gefälligst!", brüllt Eisenfuß mit Donnerstimme.

Die Männer betrachten ihn, als würden sie ihn mit neuen Augen sehen.

18. Kapitel: Das silberne Segel

„Ihr müsst euch den eisernen Fuß abschnallen, Kapitän", bringt Daddeldu hervor.

Natürlich weiß Eisenfuß, dass Daddeldu recht hat.

„Dann holt mir meine Krücke, verdammt noch mal! Aus meiner Kajüte!"

Daddeldu wieselt los, gewohnt, seinem Käpten gehorsam zu sein.

Sie hassen ihn, wird Eisenfuß plötzlich klar. Ja, sie hassen ihn. Sie hassen ihn schon seit Langem, alle, sie haben ihn immer gehasst, und gehorcht haben sie ihm nur, weil sie Angst hatten. Angst ... Und jetzt, wo er hilflos ist ... Wo bleibt Daddeldu mit der Krücke?

Als er die Prothese endlich abschnallt und sich auf die Krücke stützt, fühlt er sich auch nicht besser. Mit dem flatternden Hosenstoff anstelle des fehlenden Fußes kommt er sich entblößt vor. Verwundbar.

Vor allem stört ihn der durchdringende Blick dieses unheimlichen Medizinmanns, der nun ebenfalls aus dem Ruderboot gekommen ist. Ob er ihn durchschaut? Kann er seine Gedanken lesen? Er weiß, dass Eisenfuß damals die Wahrsagerin umgebracht hat. Eisenfuß muss verhindern, dass er das seinen Leuten verrät. „Tötet ihn!", will er den Piraten zurufen –

Da kneifen die Männer die Augen zusammen und treten erschrocken ein paar Schritte zurück: Die eiserne Brücke als Verbindungsglied von der *Kralle* hat das silberne Segel berührt, und nun können alle das strahlende Licht sehen.

18. Kapitel: Das silberne Segel

Randolf fühlt: Warten können und vertrauen, das sind die Quellen der Kraft. Nicht nervös werden, nichts überstürzen!

Bänki fasst sich als Erster. Er stellt eine Frage, die Eisenfuß den Atem stocken lässt: „Womit aber sollten wir bitteschön das viele Silber zerschneiden – ganz ohne Werkzeug?"

Alles eingeschmolzen für die Kanone, dröhnt es Eisenfuß durch den Kopf. Warum war er zu geizig, eine von den guten Kanonen zu opfern? Von der Silberbeute könnte er sich Tausend neue kaufen!

Er reißt sich zusammen. „Anker werfen! Wir machen hier fest. Das Silber nehmen wir dann ins Schlepptau und ziehen es zum nächsten Hafen! Aber zuerst muss das Ungeheuer die Kanone bekommen."

Zach zeigt auf die Ofenrohrkanone. „Sollen wir den eisernen Fuß dranlassen?", lispelt er.

„Ja, ja, was denn sonst? Nun macht doch endlich! Holt lange Tampen! Wickelt die Kanone fest! Lasst sie dann langsam runter zur Brücke, und ich klettere hinterher!"

*Tampen
Leine*

Er kann es kaum abwarten, das Silber zu berühren. Anfassen! Noch kann alles gut gehen. Schlepptau, ja. Im nächsten Hafen findet sich Werkzeug, um das Silber zu zerkleinern, und er kann sich einen neuen Eisenfuß machen lassen.

Die Piraten haben die Kanone fest umwickelt.

Eisenfuß klemmt sich die Krücke hinten in den Gürtel, packt mit beiden Händen die heruntergelassene Strickleiter und klettert hinab. „Die Kanone lasst ihr runter, wenn ich's sage!"

Randolf steht zwischen Mara und Usibepu. Ihren ruhigen Atem spürt er dicht in seiner Nähe. Und plötzlich weiß er, was er tun kann.
„Schau mir in mein Herz, gepanzerter Polyp", flüstert er. „Was erkennst du in mir? Welchen Wunsch? Welche tiefe Sehnsucht? Was es auch sei – ich möchte es dir geben!"
Vorhin, bei Usibepus Blick, war es ihm noch unangenehm gewesen, sich in die Seele schauen zu lassen. Er fühlte sich peinlich berührt, schämte sich für seine Zaghaftigkeit. Jetzt ist alle Scheu vorbei. Es macht ihm nichts mehr aus, sich vollkommen offenzulegen. „Guck mich an – so bin ich nun mal! Ja, ich habe Angst! Ja, ich bin manchmal feige! Und manchmal mache ich Fehler ..."

Eisenfuß hat unten die schwankende Brücke erreicht. Er stützt sich auf die Krücke und hält mit der anderen Hand das Seil fest, an dem die Kanone hängt. „Noch ein Stück weiter runter! Vorsichtig! Langsam! Jetzt absetzen!"

Randolf schaut von oben an der Reling zu, wie Eisenfuß die schwimmende Brücke entlang zum Kopf des Polypen geht. Nur mühsam kann er das Gleichgewicht halten. Er klammert sich an den Gedanken, dass sich das silberne Segel am Schiff befestigen und ziehen lassen wird. Aber er glaubt selbst kaum daran. Kein Stück werden sie dieses riesige, schwere Silberding von der Stelle schaffen! Der nächste Hafen ist Hunderte von Seemeilen entfernt! Und der Polyp aus Eisen? Ob der sie einfach fahren lässt? Irrsinn! Das Ganze ist völlig verrückt. Und er hat's verpfuscht.

„Du siehst, da liegt die Kanone", ruft er mit zitternder Stimme, „die schenk ich dir! Was du damit machst, ist deine Sache, davon steht nichts in den Regeln. Ich klettere jetzt über deinen Kopf, zum silbernen Segel, und du wirst mich nicht aufhalten. – Männer!", brüllt er plötzlich; ihm ist eine Idee gekommen. „Kanonen bereit machen! Sobald das Ungeheuer sich muckt, feuert aus allen Rohren!"

Ein jämmerlicher Wicht, ein armseliges Wesen, denkt Randolf. Er wundert sich nicht, dass er plötzlich hören, sehen und fühlen kann, was Eisenfuß fühlt und was er denkt, es erscheint ihm ganz natürlich.

Er weiß nicht, dass er Gedanken lesen kann, weil er jetzt seinen eigenen Kopf geöffnet hat – er wundert sich nur, dass ein Mensch sich selbst so sehr hassen kann, wie der Käpten es tut.

Ja, Eisenfuß hasst sich. Er hat sich immer gehasst. Minderwertig hat er sich gefühlt, schon als Junge. Sein Vater, ein Bauer, hatte ihm nie vertraut. Im Gegenteil. Er hat ihn oft verprügelt und angeschrien: „Niete! Null! Versager! Du Faulpelz wirst niemals den Hof erben!"

18. Kapitel: Das silberne Segel

Er war geflohen. Weg, weit weg von allen Bauernhöfen dieser Welt, raus aufs Meer! Dem Vater werde ich zeigen, was ich für ein Kerl bin! Allen wird er's zeigen! Der ganzen Welt! Und hat er das nicht geschafft? Und jetzt hat er sogar das silberne Segel erreicht! Was noch keiner vor ihm geschafft hat! Er, als Erster, als Einziger!

Das kleine schwankende Wesen, das jetzt die Krücke fallen lässt, sich an das silberne Segel drückt und es mit seinen kleinen Krallen zu packen versucht, diese jämmerliche Gestalt auf einem Bein, die sich ans Silber klammert und nicht weiß, was sie nun mit diesem gewaltigen Schatz anfangen soll – ist das der Feind, den Randolf fürchten soll?

Plötzlich ist da keine Furcht mehr, dass Eisenfuß sein Ziel erreichen könnte. Was geschehen wird, muss geschehen. Randolf wird alles tun, um das silberne Segel zu retten – aber wenn es nicht sein soll, dann ist es eben so ...

Randolf fühlt sich plötzlich stark. Mutig. Ja, aus Gleichmut wächst gleich Mut! Er fühlt sich beschützt von einer mächtigen Kraft.

„Meins! Meins! Alles Meins!", flüstert Eisenfuß und streichelt das Silber. Wer nichts lieben kann – nichts auf der Welt und auch sich selbst nicht –, der braucht immer neue Beweise für die eigene Tüchtigkeit. Applaus! Erfolg! Unterwerfung! Macht! Beute! Mehr! Mehr! Mehr!

Gleichzeitig dämmert ihm die Gewissheit: Er hat es verpfuscht! Ihm ist ganz übel vor Scham. Alle Kanonen würde er geben für eine einzige lumpige Säge oder für ein einziges Beil. Und jetzt? Selbst wenn er alle Seile an Bord zu einem einzigen langen und dicken Tau zusammenknoten könnte – wie sollte er es um das silberne Segel herumwickeln? Man könnte es nirgendwo befestigen. Sein Vater hat recht behalten: Letzten Endes ist er ein Versager.

Erschüttert betrachtet Randolf diese Mischung aus Minderwertigkeitsgefühlen, Getriebensein, Angst vor Nichtbeachtung, Hass, Verbitterung, Selbstmitleid und ohnmächtigem Zorn gegen die ganze Welt. Er ahnt, welche Schrecken diese Seele durchlitten hat und welche Schmerzen es bedeutete, als der Käpten sich in Todesangst das eigene Bein zerhackte.

Und Randolf spürt –
Kann das sein?
Ja, es ist so: Er hat Mitgefühl mit diesem zerrissenen Menschenwesen, das so mühsam über die schuppigen, rostigen Krakenarme gehumpelt ist und das Silber umarmt – wie ein Kind, das sich nach seiner Mutter sehnt.

Und plötzlich weiß er, was Dok ihm geschenkt hatte und was er seit seinem Tod so schmerzlich vermisst wie nichts auf der Welt – etwas, das Eisenfuß nie im Leben kennengelernt hat: „Freundschaft!", flüstert er.

18. Kapitel: Das silberne Segel

Er weiß, was Eisenfuß in seinem Leben an Grausamkeiten begangen hat. Könnte Randolf ihm verzeihen? Dok hat es gekonnt, fällt Randolf ein. Dok hat den Mann, der ihn entführt hatte, sogar gepflegt. Ohne Rachegedanken. Wenn Eisenfuß aufhören könnte mit dem Hass gegen andere und gegen sich selbst! Was will er eigentlich mit dem ganzen Silber? Wird es ihn glücklicher machen? Oder weniger einsam?

„Feuer frei!", brüllt Eisenfuß von unten. „Auf das Segel!" Wenn er das Silber schon nicht haben kann, will er es wenigstens zerstören. Damit es kein anderer kriegt! Ein paar Brocken wird er schon retten können, das ist immer noch mehr als der größte Silberschatz, den er jemals erbeutet hat.

„Nun schießt doch endlich!", kreischt Eisenfuß. Plötzlich fühlt er, dass ihm die Brücke unter dem Fuß wegrutscht. Krampfhaft klammert er sich am silbernen Segel fest.

Lilli drückt fest Randolfs Hand. „Die Brücke!", haucht sie atemlos. „Sie bewegt sich!"

„Nein, nicht schießen, nicht schießen – ich kann mich kaum noch halten!" Die Stimme von Eisenfuß ist nur noch ein Jaulen.

Zu spät. Krachend donnert ein Kanonenschuss.

Die Eisenbrücke kippt, sie dreht sich der Länge nach um, der Kopf des Kraken verschwindet im Meer, zum Vorschein kommt die Unterseite der eisernen Brücke – sie ist aus Gold!

18. Kapitel: Das silberne Segel

Wo eben noch Eisenfuß sich angeklammert hatte, klafft nun eine halbrunde Lücke am Rand des silbernen Segels.

„Armer Teufel", murmelt Randolf.

Die Piraten denken nicht mehr daran, weiterzuschießen. Entsetzt starren sie auf die goldene Brücke.

Es ist vollkommen still, als Randolf sich aufrafft.
Er weiß jetzt, was er zu tun hat.

„Du musst nur eine Nacht auf mich warten", sagt er zu Lilli. Dann greift er nach dem Fallreep.

„Bist du sicher, dass du wiederkommen wirst?" In Lillis Augen leuchtet Erschrecken.

Randolf verzieht den Mund zu einem Grinsen, aber seine Augen bleiben ernst. „Es bleibt mir nichts anderes übrig, als darauf zu vertrauen." Er klettert die Strickleiter hinunter zur goldenen Brücke.

„Freundschaft!", sagt Usibepu und lächelt. Er hält Mara im Arm. „Das ist der allergrößte Zauber, den es gibt in der Welt!"

Randolf geht über die goldene Brücke zum silbernen Segel. „Danke, dass du mir über das Wasser hilfst", flüstert er. Er weiß plötzlich, dass er sich keine Sorgen machen muss. Er hat Mitgefühl geschenkt. Das ist es, was jedes Wesen auf dieser Welt nötig hat. Der gepanzerte Polyp hat das Geschenk angenommen.

Mit Leichtigkeit, ohne zu zögern, finden seine Hände und Füße die nötigen Griffe und Bewegungen,

---

Fallreep
Zugangstreppe, die an der Seite des Schiffes herabgelassen werden kann

um das silberne Segel zu besteigen. Er weiß selbst nicht, wie das geht, aber plötzlich sitzt er oben, geborgen wie in einem Sattel, und die Reise geht los.

Ein Gefühl, noch tiefer und intensiver als im Traum. Losgelöst. Frei! Es ist, als ob Randolf seine Flügel ausbreitet und im Licht über das Meer fliegt. Pfeilschnell schießt er dahin, schwebt dabei wie in der Gondel eines himmelhohen Riesenrads, das sich gemächlich dreht, und gleichzeitig sitzt er in der Sonne an einem Strand, lässt eine Handvoll Sand durch die Finger rieseln und hört den Wellen zu, die leise ans Ufer rauschen wie ein ewiger Atem.

Es gibt keine Zeit mehr und keine Entfernungen. Alles ist gleichzeitig, alles am gleichen Ort.

Er hat das silberne Segel gerettet und jetzt reitet er darauf und weiß, dass er nie wieder Angst haben wird.

So vieles ist ihm plötzlich klar, er kennt die Antworten auf viele Fragen.

Warten können und auf die Kraft vertrauen – alles, was er braucht, hat er in sich selbst!

Die Kraft ist da. Randolf jagt schaumspritzend durch die Dunkelheit, und gleichzeitig sitzt er behaglich in der Sonne.

Bilder schweben vorbei, die vom silbernen Licht beleuchtet werden. Nein, Randolf selbst schwebt durch diese Bilderwelten.

Es ist wie ein Flug durch die Herzen der Menschen.

18. Kapitel: Das silberne Segel

Aufgewühlte Herzen. Kummer, Verzweiflung, aber auch Hoffen und Lachen und Freude. Menschen in allen Lebenslagen.

Menschen, die Ideen haben, Menschen, die sich aufraffen und etwas ausprobieren. Menschen, die auf die Nase fallen. Menschen, die Erfolg haben und Menschen, die nur zusehen, was die anderen tun.

Ein junger Musiker, der auf seinem Instrument übt und plötzlich eine neue Melodie erfunden hat. Kinder, die klettern und balancieren und schwimmen lernen. Ein Mensch rettet einem anderen das Leben.

Menschen, die miteinander reden. Menschen, die schweigen.

Und alle, alle wollen nur das Gleiche: Glück erleben und Leid vermeiden.

Das Wasser strömt rauschend dahin, dann gurgelt und gluckst es zwischen den Steinen vor einer Höhle.

Böse Bilder. Ein Soldat sitzt in einer Feuerpause neben einem Kameraden und spielt mit einer Patronenhülse. Er wirft sie in die Luft, fängt sie wieder auf, er wirft, sie fällt zu Boden. Er bückt sich, um sie aufzuheben, da kracht ein Schuss, und sein Kamerad neben ihm wird erschossen. Der Schuss hatte ihm gegolten. Warum er, und nicht ich? Schuldgefühle. Angst.

Menschen, die sich einschließen und kaum noch trauen, aus dem Haus zu gehen.

Dann: Zwei Freunde auf einer Bootstour. Vier Tage lang paddeln sie einen Fluss entlang. Lassen sich mit der Strömung treiben, gleiten dahin, genießen die Sonne. Abends schlagen sie auf einer Wiese am Ufer ihr Zelt auf. Sie sitzen am Lagerfeuer, über sich Millionen Sterne. Und sie erzählen und lachen. Das gibt es auch. Es passiert.

Und durch jedes dieser Herzen huscht plötzlich – wie ein aufblitzender Funke – ein Blinken des silbernen Segels.

In der Nacht, als Randolf von seinem Ritt zurückkehrt, explodiert das silberne Segel wie ein Feuerwerk.

Randolf erreicht die *Kralle* kurz vor Sonnenaufgang. Mit angehaltenem Atem schauen er und Lilli auf den explodierenden Funkenstaub.

Aus dem Wasser erhebt sich der gepanzerte Polyp und steigt als Schaumnebel in die Morgenröte auf.

Dann heißt es: Anker lichten.

Es ist ein mühsames Unterfangen für die Mannschaft, das Schiff ohne Kapitän zum nächstliegenden Hafen zu segeln. Aber nach und nach gewöhnen sich die Männer daran, dass sie selbst die Verantwortung haben.

Auch Randolf ist ein anderer geworden durch sein Abenteuer. Er braucht keine Wolfsfellhose mehr, um sich selbst Mut zu beweisen und vor anderen durch sein Äußeres hervorzustechen. Wer ihm in die Augen blickt, erkennt sofort: Das ist ein Mensch, der sich und die Dinge im Griff hat.

18. Kapitel: Das silberne Segel

Das Gleiche gilt auch für Lilli: Wer sich einmal auf den Weg macht und die Angst vor dem Leben überwindet, ist stark und frei, aus sich selbst heraus.

Mara und Usibepu lassen sich an der Südseeinsel absetzen. Ihre heilenden und hellseherischen Kräfte werden noch heute besungen und von einer Generation an die nächste weitergegeben. Nicht nur in ihnen, sondern auch in Lilli und Randolf lebt die Erinnerung an Dok weiter und gibt ihnen die Gewissheit, dass es wirkliche Freundschaft gibt über den Tod hinaus.

Damals haben die Menschen – für eine Nacht – ganz stark das Licht des silbernen Segels gespürt. Der Krieg, der dreißig Jahre lang gedauert hat, endet mit dem Westfälischen Frieden.

Millionen und Abermillionen Silberfünkchen schwirren seitdem umher. Nachts tanzen sie durch unsere Träume und zeigen, dass die Welt nicht immer dunkel bleiben muss. Seit Randolf die Prophezeiung erfüllt hat, ist der Sternenstaub des silbernen Segels für alle da. Als Geschenk an die Menschen.

Materialien

Interview mit dem Autor Wolfram Eicke

Was hat Sie dazu bewegt „Das silberne Segel" zu schreiben?
Eigene Erlebnisse, Begegnungen und Erfahrungen. Träume. Meine Liebe zu Piratenbüchern.

Aus welchem Grund spielt die Geschichte in der ernsten, traurigen Zeit des Dreißigjährigen Krieges? Welche Bedeutung hat sie für das Leben in der heutigen Welt?
Bei einer Lesung hing an der Wand ein Bild mit einer Kriegsszene aus der „Dritten Welt": Panzer rollen unter Palmen heran, ein Soldat mit Maschinengewehr bedroht Zivilisten. Da sagten zwei Jungen zueinander: „Oh, Krieg, cool!" So kam ich auf die Idee, mal aufzuzeigen, was Krieg tatsächlich bedeutet – die Wirklichkeit des Krieges sozusagen, ohne „coole" moderne Waffen.

Warum musste es ein silbernes Segel sein, das Licht in die vom Krieg erschütterte Welt bringen soll?
Das Segel steht für Reise. Hin zu neuen Ufern. Und silbernes, weißes Licht steht für Klarheit.

Was ist das Hauptthema des Buches?
Die Suche nach wahrer innerer Freiheit.

Welche Vorbilder und Einflüsse gab es für das Buch?
Ich hatte Lust, das Buch so zu schreiben. Über Vorbilder und Einflüsse denke ich dabei nicht nach. Inspiriert hat mich natürlich das Meer, das hier in der Nähe von Lübeck direkt vor unserer Haustür liegt.

Welche Erfahrungen haben Sie bei der Übertragung Ihres Romans „Das silberne Segel" in ein Musical und ein Hörbuch gemacht?
Wir haben unglaublich viel Freude erlebt, Hans und ich beim Schreiben der Songs, im Tonstudio mit den Musikern und den Produzenten Werner und Dieter. Und natürlich mit den Stars, die unsere Lieder interpretiert haben – von Rolf Zuckowski bis Nina Hagen.

Worin sehen Sie Verbindungen zwischen dem Buch „Das silberne Segel" und Ihren anderen Werken, worin sehen Sie Unterschiede?
Jedes meiner Bücher ist von eigener Art. Eine Verbindung gibt es insofern, als ich mit meinen Geschichten Mut machen möchte. Sich etwas trauen! Eigene Ideen ausprobieren! Es braucht Mut, sich dem Leben zu stellen. Aber nur dann wird es lustig. Auch wenn's manchmal wehtut.

Arbeiten Sie momentan an einem Buch? Wenn ja, können Sie bereits einen kleinen Einblick geben, wovon es handeln wird?
Wieder mal vom Leben. Eine verrückte, chaotische Geschichte: „Opa Hobo gibt Gas".

ARBEITSANREGUNGEN

- Aus welchem Grund hat sich Wolfram Eicke dazu entschlossen, „Das silberne Segel" im Dreißigjährigen Krieg spielen zu lassen? Suche die entsprechende Antwort im Interview heraus und schreibe den Grund mit eigenen Worten auf.
- Im Interview bezeichnet Wolfram Eicke die „Suche nach der wahren inneren Freiheit" als Hauptthema des Buches. Finde die Stelle und überlege, was der Autor damit meinen könnte. Schreibe eine Erklärung auf und nenne darin auch Beispiele, wie jemand lebt, der die „wahre innere Freiheit" gefunden hat.
- Was möchte Wolfram Eicke mit seinen Geschichten erreichen?
- Nimm dir ein wenig Zeit und sieh dir die Homepage von Wolfram Eicke an (www.wolfram-eicke.de). Dort erfährst du mehr über das Leben und das Werk des Autors.
- Wenn du weitere Fragen an Wolfram Eicke hast, kannst du über die Homepage per E-Mail mit ihm Kontakt aufnehmen (info@wolfram-eicke.de).

GERHARD STAGUHN
Der Dreißigjährige Krieg

23. Mai 1618	Prager Fenstersturz
1618–23	Böhmisch-pfälzischer Krieg
1625–29	Dänisch-niedersächsischer Krieg
1630–35	Schwedischer Krieg
1635–48	Schwedisch-französischer Krieg
1644	Beginn der Friedensverhandlungen
1648	Westfälischer Frieden

Wie alle Kriege, so hatte auch der Dreißigjährige Krieg mehr als nur eine Ursache. Doch eine entscheidende Ursache, darüber besteht kein Zweifel, war die Religion. Ohne die religiöse Feindseligkeit zwischen den katholischen und protestantischen Christen, die seit Luthers Reformation (1517) stetig gewachsen war, wäre dieser Krieg wahrscheinlich nicht ausgebrochen oder hätte zumindest nicht diese Grausamkeit erreicht.

Dieser Krieg war der erste totale Krieg auf europäischem Boden. Mit „total" ist gemeint, dass er nicht mehr nur zwischen Soldaten feindlicher Heere auf den Schlachtfeldern geführt wurde, sondern vor allem auch gegen die Zivilbevölkerung. Der Historiker Golo Mann meinte: „... nie tun Tiere einander an, was hier die Soldaten den Bürgern der eroberten Städte, den Bauern auf dem Land antaten ..." So verlor zum Beispiel das Herzogtum Württemberg innerhalb

von fünf Jahren drei Viertel seiner Bürger, vor allem
durch Hunger und Krankheit. Die Religion wurde allerdings erst ab dem Zeitpunkt zum kriegstreibenden
Element, da sie gezielt mit politischen und wirtschaftlichen Interessen verwoben wurde.

Bis heute bleibt dieser Krieg für die Geschichtsforscher verwirrend und schwer durchschaubar. Nur
eines scheint festzustehen: Die vier Hauptkriege
waren Kriege verschiedener europäischer Mächte
gegen den habsburgischen Kaiser. Innerstaatliche und
zwischenstaatliche Sicherungssysteme, wie wir sie
heute kennen, gab es damals aber noch nicht. Daraus
folgt: Der Dreißigjährige Krieg war kein klassischer
Staatenkrieg, weil es gefestigte Staaten in Europa
noch gar nicht gab. Vielmehr war er eine Folge der
Staatenbildung, die bis weit ins 18. Jahrhundert fortdauern sollte. Unfertige Staaten prallten mit ihrem
Bestreben, der führende Staat auf dem Kontinent zu
werden, hart aufeinander.

Mit dem Westfälischen Frieden gelang es immerhin, die verschiedenen Machtansprüche in eine wacklige Balance zu bringen. Am Ende, als alle Länder sich am
Krieg erschöpft hatten, trat ein vorläufiges Gleichgewicht der Kräfte ein; aus diesem ergab sich zum ersten
Mal die Möglichkeit eines Europas aus vielen eigenständigen Einzelstaaten. Dennoch wirkte dieser Krieg
lange nach: als ein Krieg, der weniger auf Schlachtfeldern als in den Dörfern und Städten stattfand. In
den dreißig Kriegsjahren sank die Bevölkerungszahl
in den deutschen Landen von 16 auf 11 Millionen. Die

meisten Menschen starben durch Hunger und Seuchen, viele aber auch durch unbeschreibliche Grausamkeiten der verrohten Heerhaufen. So ist dieser Krieg wegen seiner Schwere, seiner Länge und der Gräuel zu einer Extremerfahrung der Menschen geworden, die über viele Generationen hinweg nachwirkte.

Was lehrt uns der Dreißigjährige Krieg? Dass nicht die Menschen als solche übereinander herfallen, weil irgendein dubioser Aggressionstrieb in ihnen am Werk ist, sondern dass ganz wenige Herrscher ihre Macht- und Geldinteressen kriegerisch durchzusetzen versuchten. Das Volk wird nicht gefragt, sein Leid interessiert niemanden. Nicht der Mensch an sich führt Krieg, sondern „Herrschaften" tun dies für ihre eigenen Zwecke.

dubios
zweifelhaft, fragwürdig

ARBEITSANREGUNGEN

- Erkläre den Begriff „totaler Krieg" (S. 163).
- Wo wurde der Dreißigjährige Krieg ausgetragen und was waren die Gründe für diesen Krieg?
- Wie viele Menschen kamen in Deutschland während des Dreißigjährigen Krieges ungefähr ums Leben? Nenne drei Ursachen für ihren Tod.
- Informiere dich über den „Prager Fenstersturz" und den „Westfälischen Frieden". Nutze den Text auf Seite 168f., Geschichtsbücher und das Internet.
- Erkläre mit eigenen Worten, was uns der Dreißigjährige Krieg nach Ansicht des Autors lehren kann.

PETER PAUL RUBENS (1577–1640)
Die Folgen des Krieges
(1637/38, Öl auf Leinwand, 206 x 342 cm)

PABLO PICASSO (1881–1973)
Guernica
(1937, Öl auf Leinwand, 351 x 782 cm)

Arbeitsanregungen

- Schau dir beide Gemälde genau an und lass sie auf dich wirken. Wähle dann eines aus und beschreibe ausführlich, was du siehst und welche Gedanken dir dazu durch den Kopf gehen.
  Tipp: Beginne erst mit dem Gesamteindruck des Gemäldes und gehe dann auf Einzelheiten ein. Begründe auch, warum du dieses Gemälde ausgewählt hast.
- Vergleiche die beiden Gemälde miteinander. Wo kannst du Gemeinsamkeiten entdecken, wo gibt es Unterschiede?
- Welches der Gemälde verdeutlicht deiner Meinung nach die Grausamkeiten des Krieges am besten? Diskutiert in der Klasse darüber.
- Die beiden Maler haben zu verschiedenen Zeiten gelebt. Informiere dich im Internet über Peter Paul Rubens und Pablo Picasso. Finde u. a. heraus, vor welchem geschichtlichen Hintergrund bzw. aus welchem Anlass die Bilder entstanden sind.
  Tipp: Bildet Kleingruppen, verteilt Rechercheaufgaben und stellt die Ergebnisse anschließend in einer Mappe zusammen oder veröffentlicht sie in Form einer Wandzeitung.
- Zeichne selbst ein Bild, das die Menschen zeigt, nachdem das silberne Segel Licht in das Land gebracht und sie von der Angst befreit hat.

Der Westfälische Friede

Der Dreißigjährige Krieg dauerte von 1618 bis 1648. Im katholischen Münster und im damals evangelischen Osnabrück wurde zwischen 1643 und 1648 über den Frieden verhandelt. Da sich der Krieg fast über ganz Europa ausgedehnt hatte, waren bei den Friedensverhandlungen etwa 150 Gesandtschaften beteiligt, u. a. Abgesandte des deutschen Kaisers Ferdinand III., des dänischen Königs Christian IV., der schwedischen Königin Christina, der Könige von Frankreich und Portugal, der Schweizerischen Eidgenossenschaft, der Niederlande, Spaniens und aller deutschen Reichsstände und Kurfürsten.

Am 24. Oktober 1648 wurden nach 30 Kriegsjahren, in denen die Menschen unter Verwüstungen, Plünderungen, Mord, Seuchen und Vertreibung gelitten hatten, endlich die Friedensverträge unterzeichnet. Darin wurde die Gleichberechtigung von drei Konfessionen – der katholischen, der evangelisch-lutherischen und der reformierten – festgelegt, wodurch ein dauerhafter religiöser Friede gesichert war.

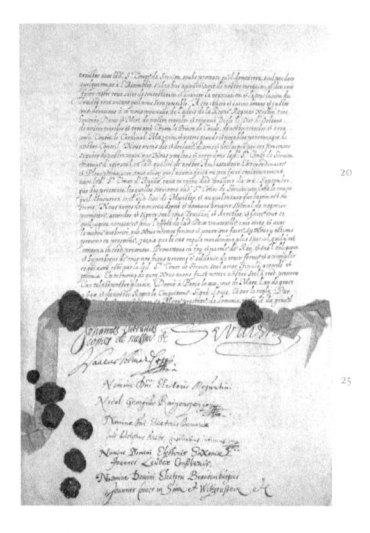

Friedensurkunde aus Osnabrück

MATERIALIEN 169

Am 25. Oktober 1648 wurde der Westfälische Friede in beiden Städten feierlich verkündet.

Türklinke an der Rathaustür in Osnabrück

ARBEITSANREGUNGEN

- Suche im Atlas die Städte Münster und Osnabrück.
- Betrachte die beiden Fotos. Was fällt an der Friedensurkunde auf und was wird dadurch deutlich? Warum haben die Osnabrücker wohl eine solche Türklinke für ihr Rathaus gewählt und warum wurde sie so gestaltet?
- Recherchiere im Internet zum Stichwort „Westfälischer Friede" und informiere dich ausführlicher über diesen bedeutsamen Friedensschluss. Erstellt dazu in kleinen Gruppen eine Wandzeitung.
- Versetze dich in einen Bürger im Jahr 1648 hinein, dem nach 30 Kriegsjahren der Friede verkündet wird. Formuliere, was er wohl denkt und empfindet (Ich-Form).

Wolfram Eicke
Am Anfang steht immer ein Traum

Am Anfang steht immer ein Traum.
Was wir auch treiben im weiten Weltenraum:
Am Anfang steht immer ein Traum.
Am Anfang steht immer ein Traum.
Was wir auch hoffen, erkämpfen oder bau'n –
am Anfang steht immer ein Traum.
Ist einer mutig genug?
Macht sich einer auf den Weg?
Noch sind die Herzen
der Menschen dunkel vor Angst,
aber eines Tages kommt die Zeit.
Am Anfang steht immer ein Traum.
Am Anfang steht immer ein Traum.
Ob wir das silberne Segel schau'n?
Am Anfang steht immer ein Traum.
Am Anfang steht immer ein Traum.

Arbeitsanregungen

- Was meint der Autor wohl, wenn er sagt „Am Anfang steht immer ein Traum"?
- Was war oder ist *dein* größter Traum? Frage auch deine Familie und Freunde nach ihren Träumen.
- Schreibe eine neue Liedstrophe, beginne und ende mit *„Am Anfang steht immer ein Traum ..."*.
- Hör dir das Lied auf CD an (siehe S. 176).

Wolfram Hänel
Hilfe, Indianer!

Zu seinem Geburtstag hat sich Fabian etwas ganz Besonderes ausgedacht. Alle sollen sich verkleiden und als Piraten kommen. Auf seine Einladung hat er geschrieben: *Es gibt Piratensteaks. Und echte Piratenmusik! Und außerdem eine große Piratenschatzsuche!!!*

Er hat Robert, Janis, Nicki und Boris eingeladen, aber nicht Sophie und Charlotte. Obwohl Sophie und Charlotte seine Freundinnen sind.

„Es geht einfach nicht", hat er ihnen erklärt. „Piraten sind immer Männer, da können wir keine Frauen gebrauchen. Das müsst ihr verstehen."

Er hatte zwar irgendwie den Verdacht, dass Sophie und Charlotte das überhaupt nicht verstanden, aber Robert hat ihm recht gegeben: „Frauen als Piraten, so was hat ja noch keiner gehört!", hat Robert gesagt und sich an die Stirn getippt.

Und Janis hat noch hinzugefügt: „Piraten müssen Mut haben, das weiß doch jeder. Und Mädchen sind feige. Die kreischen immer gleich los oder machen sich vor Angst glatt in die Hose."

Jetzt sitzen sie alle zusammen im Wohnzimmer und essen Piratensteaks. Nach dem Essen müssen sie natürlich erst einmal einen Piratensong hören. Fabian dreht den CD-Player so laut auf, dass die Teller auf dem Tisch klappern.

„Blutrot weht unsere Fahne vom Mast", singen alle mit, „am Boden, da huschen die Ratten ..."

Dann ziehen sie los, um den Piratenschatz zu suchen.

„Da!", ruft Boris und zeigt auf den Totenkopf, der mit Kreide auf einen Zaunpfosten gemalt ist. Unter dem Totenkopf ist ein Pfeil. Der Pfeil zeigt nach rechts.

Sie rennen zum nächsten Baum, auf dem wieder ein Totenkopf leuchtet.

Die Totenköpfe hat natürlich Fabians Vater gemalt. Er hat ja auch den Schatz versteckt!

Plötzlich stehen sie vor einem matschigen Graben und wissen nicht weiter.

Nirgends ist mehr ein Zeichen zu sehen.

„Wir müssen rüber", meint Robert, „ist doch klar. Der Schatz ist irgendwo da drüben."

Sie grinsen sich an und springen der Reihe nach über den Graben.

Auf der anderen Seite ist ein dichtes Gebüsch. Und einmal hören sie ein merkwürdiges Geräusch, fast als hätte gerade jemand gekichert.

Aber dann sehen sie die Kiste, die unter ein paar Zweigen versteckt ist, und denken nicht mehr an das Geräusch.

„Der Schatz!", flüstert Robert.

Sie ziehen die Kiste hervor. Fabian will gerade den Deckel aufklappen, da ertönt plötzlich ein ohrenbetäubendes Geschrei hinter ihnen. Und dann springen von allen Seiten furchtbare Typen auf sie zu. Indianer! In voller Kriegsbemalung, mit Messern und Tomahawks!

Die Indianer reißen die Kiste hoch, und bevor Fabian

und seine Freunde überhaupt kapieren, was los ist, sind sie schon über den Graben und rennen davon.

„Au, Mann", stammelt Fabian, „Indianer ..." Er ist vor Schreck so bleich, dass er aussieht, als würde er gleich in Ohnmacht fallen. Oder sich vor Angst in die Hose machen.

„Indianer auf dem Kriegspfad", nickt Robert. Seine Stimme zittert. „Mindestens ein ganzer Stamm Irokesen ..."

„Ich glaube, es waren nur zwei", sagt Nicki leise.

„Quatsch", meint Robert, „du kannst nur nicht richtig gucken, wegen deiner Augenklappe."

„Der Schatz ist jedenfalls weg", stellt Boris fest. „Und was machen wir jetzt?", fragt er dann.

Alle gucken zu Fabian.

„Keine Ahnung", sagt Fabian. „Vielleicht hauen wir besser ab. Nicht dass sie noch mal zurückkommen und unsere Skalps haben wollen oder so."

Missmutig schleichen sie hinter Fabian her nach Hause. Diesmal singen sie nicht. Und sie reden auch nicht miteinander. Und dann kommen sie durch das Gartentor und genau vor ihnen auf dem Weg steht die Schatzkiste! Mit einem Zettel oben auf dem Deckel.

„Hä?", macht Robert. Fabian bückt sich, um den Zettel zu lesen.

„Viel Spaß noch beim Geburtstag!", steht auf dem Zettel. Und als Unterschrift darunter: „Zwei Squaws auf dem Kriegspfad."

„Ich kapier überhaupt nichts mehr", stammelt Robert. „Was soll das denn jetzt? Squaws sind doch Indianerfrauen, wieso sind die jetzt auf dem Kriegspfad?"

„Ist doch egal", sagt Nicki, „los, mach mal die Kiste auf, ob überhaupt noch was drin ist!"

„Halt, warte!", ruft Fabian. „Wartet noch mit Aufmachen. Ich lauf mal eben kurz zu Sophie und Charlotte rüber und frage, ob sie nicht vielleicht noch ein bisschen mitfeiern wollen ..."

„Hä?", macht Robert wieder. Aber plötzlich schlägt er sich mit der Hand vor die Stirn. „Au, Mann! Echt? Meinst du, dass ... ich fasse es nicht!"

Fabian nickt. Und während er losrennt, überlegt er, was er gleich sagen wird ...

Arbeitsanregungen

- Warum wollen Fabian und seine Freunde keine Mädchen auf der Geburtstagsfeier dabeihaben?
- Was denken Sophie und Charlotte wohl, nachdem Fabian ihnen erklärt, dass Frauen keine Piraten sein können? Schreibe ein kurzes Gespräch zwischen den Mädchen dazu auf.
- Warum ändert Fabian am Ende der Geschichte wohl seine Meinung und entschließt sich, die Mädchen doch noch zum Geburtstag einzuladen?
- Wie könnte es weitergehen? Was wird Fabian sagen? Und wie werden die Mädchen reagieren? Schreibe eine Fortsetzung der Geschichte.
  Tipp: In kleinen Gruppen könnt ihr eure Ideen auch als Spielszenen vorbereiten.
- Tatsächlich gab es auch berühmte Piratinnen: *Anne Bonny, Mary Read* und *Grace O'Malley*. Informiere dich über eine dieser Piratinnen (Bücher, Internet) und gestalte einen passenden Steckbrief.
- Was bedeutet Mut für dich? Schreibe dazu einen Text. Beginne jeden Satz mit: *Mut ist ...*
- Auch Randolfs Freundin Lilli ist sehr mutig. Schreibe stichpunktartig auf, woran man das erkennen kann.

Textquellen

Seite 160–161: Interview mit dem Autor Wolfram Eicke (Originaltext).

Seite 163–165: Gerhard Staguhn: Warum die Menschen keinen Frieden halten. Eine Geschichte des Krieges. München/Wien: Hauser Verlag 2006. S. 78–95. (Text gekürzt)

Seite 168–169: Der Westfälische Friede (Originaltext).

Seite 170: Wolfram Eicke: Am Anfang steht immer ein Traum. Aus: Wolfram Eicke u. Hans Niehaus: Das silberne Segel. Ein musikalisches Abenteuer. Sony BMG Music Entertainment GmbH 2006.

Seite 171–174: Wolfram Hänel: Hilfe, Indianer! Aus: Lara Winter (Hrsg.): Wetten, dass du dich nicht traust? Geschichten über Mut und Angst. München: cbj 2008. S. 152–157. (Text gekürzt)

Bildquellen

Seite 160: Porträt Wolfram Eicke © Wolfram Eicke.

Seite 166: Peter Paul Rubens: Die Folgen des Krieges. Florenz: Gallaria Palatina, © Palo Tosi/ARTOTHEK. Pablo Picasso: Guernica. Madrid: Museo Nacional Centro de Arte Reina Sofia/VG Bild-Kunst, Bonn 2010; Joseph S. Martin/ARTOTHEK.

Seite 168: Friedensurkunde © bridgemanart.com.

Seite 169: historische Türklinke © ALIMDI.NET/Axel Schmies.